セジュ】

ショアーの歴史

ユダヤ民族排斥の計画と実行

ジョルジュ・ベンスサン著
吉田恒雄訳

Que sais-je?

白水社

目次

序章

「わたしの語彙は、一民族の消滅というとてつもないことを説明するには貧弱すぎる」

シュロイム・フランク

「ウッチ・ゲットーの日記」[1]（一九四二年）

「全人類史において、これほど語るのが困難な出来事はない」

ハンナ・アーレント「地獄の情景」[2]（一九四六年）

一九三九年から一九四五年までの時期、世界がほぼ完全に沈黙しているなか、国家社会主義ドイツ労働者党〔以下、NSDAP、ナチス党、ナチと略す〕政権下のドイツは多くの共犯者の協力を得て六〇〇万人にもおよぶヨーロッパのユダヤ人を殺戮した。当初決定されていた通りユダヤ人すべてを消滅させてしまうには時間が足りなかった。これがヘブライ語でいうところのショアー、ユダヤ人に対するジェノサイド（集団殺戮）の生《なま》の現実である。ユダヤ民族を地上から「絶滅させる」との決断[3]、そして地球上にだれを住まわせ、だれを住まわせないかを決めようというのは、人類の様相さえ変えてしまい史上前例を見ない特異な結論に当然ながら行きつく。人びとは当時のただならない状況に気づいたようだが、[4] いつものように史実を覆ってくれるあの緩慢な働きが作用したおかげで、一民族を体系的に抹殺するという類例なき企てが明らかにされるのは長いあいだ阻まれていた。虐殺からホロコースト、そしてジェノサイドと、その実態を表わすには、一つの共同体がショアー[5]（災厄、破壊、悲嘆）によって壊滅させられる場合に用いられるこのユダヤ教祭儀用語が最も適しているということになった。

（1）巻末参考文献【1】。
（2）巻末参考文献【2】、一五二頁。
（3）H・ヒムラーの演説（一九四三年十月六日、ポズナンにて親衛隊将校を前に）
（4）「これが人類史上で行なわれた最も重大かつ最も忌まわしい犯罪であることに疑いの余地はない」W・チャーチルがアンソニー・イーデンに宛てた一九四四年七月十一日付けの書簡。
（5）ヘブライ語のこの言葉は、ユダヤ教典のなかで破局を意味し、ソロモン王の神殿および第二の神殿の崩壊を意味する言葉「フルバン」にとって代わった。したがって当初は、「第三のフルバン」と言っていた。

一文明の破壊過程を再現するのは、犯罪の立案者たちがその痕跡を消そうと躍起になったが故にひどく困難な作業となった。実際のところ、日時の間違いや拙速な判断を回避できるのは厳密な知識のみ、適切な疑問を投げかけることが可能なのもその知識のおかげである。まずは一九三八年のヒトラーによるオーストリアおよびズデーテン地方の併合があり、つぎに三九年から四〇年にかけてのあまりに簡単すぎたドイツの戦勝、とりわけ四一年六月の対ソ戦があって、ヨーロッパのユダヤ人の大部分はドイツ支配下に置かれてしまった。戦争がこの悲劇の導線だったように思われる。ナチスの反ユダヤ主義という思想的圧力、それがアドルフ・ヒトラーの世界観のなかで占める重要性、さらに軍事紛争の進展と、そのすべてが一九四一年九月に起こった状況急転の誘因である。三九年秋からすでにポーランドのユダヤ人に対してなされた虐殺行為および、四一年六月からますます日常化していったソ連領内のユダヤ人殺戮、続いて同年秋にはソ連内の全ユダヤ人を抹殺する決定が、そのわずか数週間後にはヨーロッパ全域からユダヤ人を駆逐する計画となっていく。このようにして、ユダヤ民族大量虐殺の緻密な計画が策定されることとなる。犠牲者となる者たちの選定基準、資産略奪の方法、強制収容所への輸送、そして殺戮に関する具体的な策のことである。出来事の詳細を時系列に並べることで、プロセスの進展状況の再現が可能となろう。ドイツ人が〈最終的解決〉と名づけたものが直ちに実行に移され（犠牲者の半数は一九四二年内に殺された）、しかしその多くは強制収容所の外でなされた。計画実施の素早さ、ある程度それを覆っていた機密性、そして想像さえできなかった出来事だったというそれ自体の特性から、人びとの思考は麻痺してしまい、反応することもできなかった。

歴史学者の研究で明らかになるコンテキストの説明がなければ、この破局を理解するのは不可能である。その研究はまた、大量虐殺に行政上ならびに技術的な準備があったことを明らかにする。あれらの犯罪はある殺人者集団によって実行に移されたのではなく、一社会全体による犯行である[1]（一〇〇万人以上の人間がなにがしかの名目で関与した）。その根源にあるもの、その実行者たち、殺人の行なわれた地理そのものから見ても、ヨーロッパのユダヤ人抹殺はドイツの歴史からのみ生まれたのではなく、ヨーロッパ全体が継承してきたもののなかにあったのである。

（1）「すべてのドイツ人、ドイツ語を話す者、ドイツ語で書く者、ドイツ風に暮らした者には関わりがある」トーマス・

マンが一九四五年五月八日にラジオ放送《Office of War Information》で述べた言葉。

それに、幾世紀を経てきた旧大陸ヨーロッパの反ユダヤ主義が、あの軽蔑と憎しみの芽であり、もしそれさえなければ何ごとも起こりえなかったというのが事実だとしても、高度な文明国家のその先進性を際だたせるようなほかの要因もこの破局には加担したのである。

第一章　ヨーロッパ大陸のユダヤ人――拒絶と同化のはざまで

Ⅰ　排斥の目印

ユダヤ人ジェノサイドの歴史は、反ユダヤ教主義の歩みと切り離しては考えられない。ヨーロッパで圧倒的に優位だったキリスト教会は、ユダヤ人排斥に異端者への挑戦という信仰上の名分さえ与える。十一世紀までのヨーロッパ・キリスト教世界におけるユダヤ人の状況は、まだ共存が可能であったことを示していた。深刻な暴力行為が始まるのは、一〇九五年から翌年にかけて、キリスト教会の呼びかけで第一次十字軍が出発したころのことで、ユダヤ教を単に時代遅れ、あるいはばかげていると見るだけでなく、十二世紀に入ると、悪魔の宗教であるとして異端告発が叫ばれはじめた。ある程度は寛容だった時代が終わったのである。ホスチア〔カトリック、聖体のパン〕を冒瀆したと告発され、一二九八年、ドイツで虐殺事件が起こった（一〇万人の犠牲者）。ユダヤ民族は、その存在自体が「正統なる信仰」への挑戦であるとされ、以後は罪ある共同体とみなされる。〔飢饉や教会大分裂などのせいで〕信仰上の不安に駆られるキリスト教徒はユダヤ人排斥にそのはけぐちを求めたのだが、それはずっと時代が下がって、現代社会がみずから内在させる不安のはけぐちを見つけようとするのと同じ現象である。

十字軍派遣という社会状況のなか、まず神学上の、それからもっと実際的な排斥が広まっていく。一二一五年に開催されたカトリック教会の第四ラテラン公会議は、ユダヤ人にそれと識別できる目印（黄色い布製の環）の着用を命じた。徐々に多くの職業がユダヤ人には禁じられはじめ、黒死病《ペスト》の流行した一三五〇年から一五〇〇年のあいだに彼らの境遇はひどく悪化し、迫害や隔離（一二六六年には最初のゲットーがヴロツワフに、一二七九年にはブダに設けられた。なおゲットーという呼称自体は、ずっとあとの一五一六年のヴェネチアが最初である）、金品をとりあげられ、辱められ、お決まりの（死の儀式やホスチアの冒瀆、井戸に毒を入れたとか）罪を着せられ、たびかさなる暴行を受けるようになると、十三世紀以降、ユダヤ人の多くが西ヨーロッパを捨てて東方（ポーランドやリトアニア）に逃れた。二〇〇〇年紀初頭のキリスト教が近代におけるユダヤ人排斥のモデルを提供したのである。

十九世紀ヨーロッパの急速な工業化および都市集中化がそれまでの伝統的な社会構造を壊してしまった。そういった流れのなか、ドイツあるいはフランス世紀末の偏狭なナショナリズムは、社会安定を手当たり次第に破壊するという流民の姿をユダヤ人のなかに見たのである。世俗的な反ユダヤ主義《アンチセミティズム》（この語は、一八七九年にはじめてドイツで用いられ、その三年後に第一回反ユダヤ主義会議が開かれた）は、いたるところで自由主義や資本主義、社会主義を断罪する動きに結びつけられるようになる。衰退を肌身で感じ、陰謀論を鵜呑みにし、国を再生させてくれる救世主あるいは優等人種を待望するような状況が、一八八六年のドリュモン著『La France juive（ユダヤ人のフランス）』の大成功、同じくドイツの評論家トライチュケが一八七九年に言いだし、その後ナチス党員たちの不吉な標語となった「ユダヤ人はわれわれの災厄である！」が広く言われるようになった状況も背景にあった。人種差別思想に浸された十九世紀末は、西欧近代の危機の一つの姿であった。このような西ヨーロッパにおけるユダヤ文化は、しかしある根源的な矛盾にとらわれていながら、それに気づかずにいた。ユダヤ人解放の気運が彼らを国民文化に同化させる一方、まだ手探り状態にあった各国の国民意識の方はユダヤ人を排斥することでますます形を整えていく。ユダヤ人が心理的なゲットーの壁をみずから壊すまさにその瞬間、ユダヤ人排斥は国民団結の絆となり、解決であったはずの解放運動そのものが問題になってしまった。

一九〇〇年前後は、西欧思想全体が啓蒙時代からの継承〔旧弊打破の革新思想〕を拒否していた。自然というものは不平等で暴力的であり、力関係しか認めようとしない。正義とか「人間の権利」などは「人道主義の幻想」である。人種差別と社会ダーウィニズムは、本能と力をアンチテーゼとする民主主義を「弱者のための体制」の先触れであるとして激しく批判した。世俗的なユダヤ人排斥がキリスト教徒による旧来の反ユダヤ教的姿勢と重なっていく。こうして二つの形態をとる拒絶反応は、宗教離れ、世俗化の著しい西ヨーロッパにて共存した。しかし、宗教上の拒絶がユダヤ人を監視してある種の行為の禁止や改宗を試みたのに反し、「科学的」拒絶の方は過激に排斥だけを進めた。

この世紀末「思想」は、チャールズ・ダーウィンの研究から発想を得て、生物学で用いる概念を人文科学に応用したものである。こうした人種進化論においては、適者生存が暴力を許容する。自然淘汰説のドグマは「科学」によって正当化され、当時の見境なしの資本主義、植民地主義、そして帝国主義を擁護した。それと併行して、伝統と血脈のみが民族を形成するのだという論も説かれる。ユダヤ人は除外される。なぜなら、彼らこそ〔批判的〕理性と流浪とを象徴するからだ。世界を生物学的視点から見ると、自然選択は歴史の主要概念であり、人種と血統だけがこの世界の真実で、人類平等などは妄想にすぎないということになる。この類の新異教主義《ネオペイガニズム》のなかにユダヤ人の存在できる場所はなく、改宗であれ「混じりあう」ことであれ、セム人とアーリア人という二つの「人種」の根本的対立を消せるものなど何一つない。否応なしの衰退感および千年王国論者の言う終末の強迫観念から生まれたネオペイガニズム風のユダヤ人排斥主義は、人種差別言辞の土台となっていく。

こうした傾向はゲルマン世界だけに限定されず、西ヨーロッパを覆い、さらにスカンジナビアから北アメリカにまでおよんだ。優生学論がその一形態であり、ナチスの医師たちによる犯罪によって視点がずらされたものの、十九世紀末のゴルドンやピアソンその他が提唱したその思想は広く浸透していった。いくら消極的優生学（一部の人間に対し生殖と生命を制限）を積極的優生学（種の改良）から区別しようが、それは表面上のことでしかない。実際、同じ自然選択の論理が上記二つの流れを導いて二十世紀を迎えると、人類の一部が人間としての地位さえ問題にされるような結果を生むようになる。

十九世紀末、ヨーロッパ大陸の東西両端で形こそ違っていたが国民国家が形成され、ユダヤ人を排斥する動きが激しくなる一方、啓蒙時代の土台をくつがえす非合理主義の勢いがその輪郭を明らかにしつつあった。そういった意味で、西のフランスにおけるユダヤ人の同化が半ば失敗に終わったことを示すドレフュス事件と、東のロシア皇帝の秘密警察による反ユダヤ主義の政治的偽造文書として名高い《シオン賢者の議定書》がパリで書かれたという時と場所、その二つが重なり合った事実は象徴的である。

Ⅱ　大戦間期におけるヨーロッパのユダヤ人

二つの世界大戦に挟まれた二十年間、ヨーロッパにおけるユダヤ人の境遇は一様でなかった。さまざまな要因があって、問題の多かった彼らの同化運動を圧倒してしまう。というのは、都市集中化および民主主義、世俗化という近代性が伝統主義に大きな打撃を与え、ことにそれはシュテットル世界（ロシア・ポーランド地域にあったユダヤ人の多く住む町村）が徐々に崩壊しつつある東欧において顕著だった。

第一次世界大戦の終結時、ヨーロッパには九〇〇万から一〇〇〇万のユダヤ人が暮らしていた。その中心はポーランド（三〇〇万人）であり、ルーマニア（一〇〇万人）であり、ソヴィエト連邦（およそ三〇〇万人）である。フランス革命が一七九一年に手をつけて始まったユダヤ人解放の動きは、とくに目立った例だけを挙げても、イギリスにおいては一八五八年、オーストリアで一八六六年、ハンガリーが一八六七年、ドイツで一八七一年、ロシアで一九一七年と、たしかに前進は認められたものの一九一九年になっても未達成だったのである。

ヨーロッパにおけるユダヤ人の境遇のばらつきは、複数の要因からきている。解放の歴史をはじめとして、政治近代化の浸透度、世俗化傾向の程度、信仰あるいは言語的伝統（中・東欧のイディッシュ語、バルカン半島で使われるラディーノ語）の状況、そしてユダヤ人排斥の度合いである。すでに十九世紀半ば、大陸全体の状況に合わせるように、ヨーロッパのユダヤ人世界も急激な人口増大（現ウクライナになるガリツィア地方では、一八〇〇年に約三〇万だったユダヤ人が一九〇〇年には九五万人になっていた）を見せると、大陸内移住者を増やしたのみならず、海外、ことにアメリカ合衆国への移民も供給するようになった。移民の動きは、西ヨーロッパ、すなわちドイツやイギリス、そしてシュテットルのユダヤ人にとっての政治理想（人権宣言）と平穏さを保証してくれる場所、フランスのユダヤ人共同体にも人数を送りこんだ。悲惨さと迫害、権利制限、不安定な未来から逃れるこれらの移民は、大戦間期においてさらに数を増やした。しかし一九二〇年代と三〇年代においては、移民先での適応がおぼつかないままであるのに加え、ちょうどヨーロッパのほぼ全域で対外国人およびユダヤ人排斥の勢いが高まっていたのである。

世界的危機という状況下、西欧社会へのユダヤ人の同化志向を見直さざるをえないようなことも起こる。他方で、政治および文化の近代化に深く影響されていた西欧のユダヤ人社会は、伝統的な共同体《ケヒラー》としての結束を日ごとに失いつつあった。「家ではユダヤ人、外では一般市民」、ナポレオン時代のフランスで使われだした便法が徐々に大勢を占めるようになっていた。

この戦間期、ユダヤ教の精神面および信者数の予備軍という面において、当てにできるのはポーランドとハンガリー、ルーマニア、ロシアであった。一八八一年から翌年にかけてロシアで起こったポグロム（ユダヤ人に対する集団的・計画的虐殺の意。そのせいで、多くのユダヤ人が西ヨーロッパに再移住）と、おおっぴらにくり返される暴力で動揺させられ、彼らはしだいにハスカーラー（うちなる光明の意、一七四〇年ごろベルリンのユダヤ人共同体内部で始まった独自の啓蒙主義運動）の新しさに惹かれていった。若い世代の眼前に、ユダヤ教だけを学ぶタルムード学院やシュテットルとは異なる地平線が開けてきたのである。それはシオニズム（ユダヤ人国家の建設をめざす運動、最初の総会は一八九七年）をはじめ、文化自治論（一八九七年に結成されたユダヤ人労働者総同盟《ブント》の動き）、さらには革命的社会主義であり、それに加えて、イディッシュ語あるいはヘブライ語、その他の言語での文化的活況がほぼ時を同じくして興った。

ポーランドにいて不安を抱え、あるいはあからさまな暴虐行為（一九一九〜二一年のポグロム）に衝撃を受けていた一部のユダヤ人社会で、一九二五年から三五年にかけ、文化および政治面において驚嘆すべきバイタリティーが開花する。二五〇紙におよぶユダヤ人向け新聞が定期的に発行される一方、ポーランドに住むユダヤ人の八割方がまだ母語としていたヘブライ語あるいはイディッシュ語の書籍が年に数百点も刊行された。

しかし文化および宗教面、社会的にも特殊（職人と小さな商店主が総人口に占めるユダヤ人の割合は圧倒的だった）な少数派を形成する彼らは、権利平等が一九二一年から認められていたにもかかわらず、激しさを増す住民の敵視にさらされた。一九三五年と翌年で、一五〇件ちかいポグロムが発生している。一九三八年当時のポーランド政権党は、ユダヤ人が「国家の正常な発展を妨げる」と考えた。ほかの中欧・東欧諸国でも、ナチズムの興隆はユダヤ人の公民権剥奪を求める運動に影響を与え、こうしてブルガリア、ルーマニア（一九三七年の選挙で極右政党が二五パーセントを得票）、同じくハンガリーでも人種法が施行されるようになった。

戦間期のソヴィエト連邦は、ユダヤ人にとってヨーロッパ第二の中心地となっていた。帝政ロシアはその最終的な瓦解まで一連の差別法（エカチェリーナ二世による〈ユダヤ人定住区域〉に関する勅令で、一八〇四年にバルト海から黒海に至る居住区域が指定され、ほかに一五〇以上もの反ユダヤ主義的な法令・政令があった）を堅持していたが、革命のあった一九一七年四月、それが撤廃されていた。ボリシェヴィキ（翌年、共産党と改名）政権は、一九一七年と翌年の二度にわたってユダヤ人が未来の連邦国家を構成する他の人民と同等であると確約し、その後の内戦に勝利する以前から、ユダヤ人解放の後見役であることを見せつけた。ところが、ユダヤ人ブントは一九一九年に解散、シオニストたちは地下に潜行、ヘブライ語書籍と新聞の発行は一九二〇年内で禁止され、タルムード学院とシナゴーグも閉鎖された。もちろんこれは、全般的な宗教活動取締の一環ではあったのだが。

ソ連に住む三〇〇万のユダヤ人を同化させようと、一九一八年、共産党政権は〈イェフセクツィア〉というユダヤ人部門を創設し、一九二五年から大規模な文化活動を組織させるようになる（一九二八年、政府は極東の町ビロビジャンに〈ユダヤ自治共和国〉の建設を試みたが、間もなく頓挫する）。しかし、一九三四年十二月から連邦内で吹き荒れた大粛清を背景に、共産党がみずから設けたユダヤ人部門は、ときおり反ユダヤ主義的な色彩の濃厚な大テロル政策によって脅かされるようになる。一九三五年になると、イディッシュ文化の活動は妨害され、イディッシュ語新聞の発行も禁じられた。

三〇年代末、シュテットルはなくなり、恒常的な民衆レベルの反ユダヤ主義を政権上層部が容認しはじめたことから分かるように、ユダヤ人の同化は不安定なままだった。

Ⅲ　ユダヤ人とドイツ人――共生幻想と真の拒否反応

ドイツにおける反ユダヤ教主義の伝統は古く、それは激しいものだった（十一世紀、第一回十字軍の遠征時の事件がよい例）。中世の千年王国説が「ユダヤ人から浄化された《ユーデンライン》」世界の到来を告げている点、同じく終末論がユダヤ人の虐殺を人類幸福の条件と描いている点を考えてみればいい。

とはいえ十八世紀以降のドイツでは、経済的、社会的、同じく学識面における開放の兆しをユダヤ教徒もいくらか感じられるようになっていた。彼らの開明的な一部（改革派と呼ばれた）は、啓蒙主義者《アウフクレールンク》たちの軌跡を追い、哲学者M・メンデルスゾーンにならってドイツ文化とユダヤ文化との融和をはかった。ユダヤ人解放政策を一八七一年にしか決断できなかった未完成の国家ドイツ（プロイセン王国の一八一二年の政令は特殊な例で、同様の政令は施行されるが、ずっとあとのことである。ハンブルクが一八六〇年、バーデンが一八六二年、フランクフルトならびにヴュルテンベルクが一八六四年、ザクセンが一八六八年、ほか北ドイツ連邦の領邦は一八六九年）では、多くのユダヤ系ドイツ人はフランス革命の政治的近代性と文化に惹かれた結果、ゲルマンとユダヤ両方の伝統を共生させようと試みた（事実、一八九七年にバーゼルで開催された第一回シオニスト会議では、ドイツ語およびヘブライ語の両方が公式言語とされた）。前述ハスカーラーによって助長された同化運動が、オーストリアにおけるユダヤ系知識人の広範な活躍の説明となろう。だがこの開花と併行するように、排斥もあった。一八九六年、ウィーン市民が市長に選んだカール・リューガーは、反ユダヤ主義をその政治的信条にしていた。

同じ時期、ドイツ帝国内のユダヤ人四七万人は強硬な反ユダヤ主義の台頭に直面していた。ドイツ帝国主義および汎ゲルマン主義でいう国家概念は、共和制のフランスが最優先する国家のそれとは著しく異なっていた。運命共同体の成員であると自覚する自由市民同士の契約としての国家ではなく、それは人種と血縁、地縁に由来する者たちの「生存闘争」、すなわちより弱小の民族を踏みつぶしていくのが国家であるとするものだった。力と優者選択とを信奉するこの人種差別主義は、「ユダヤ人の特異性」をことさらに問題視した。その主張は一八九一年発足の汎ゲルマン主義者同盟を手本にしているだけにとどまらず、少なくともナポレオンとのイエナの戦いで破れた一八〇六年、ユダヤ人解放を強制されて以来、反ユダヤ主義が国民結束の絆となり、それがドイツ社会の広範な部分に浸透していた。ユダヤ人は憎まれ者であり、したがって国家としてのアイデンティティー（ヴィルヘルム一世の第二帝国だけでなく、ユダヤ人の存在は寄せ集めの領邦国家ドイツの結束にも利用された）を確立したり、階級闘争とはまた異なる社会秩序への不満を唱えたりするための格好の標的となりえたのである。「社会問題、それはユダヤ人問題である」とオットー・グラガウは決めつけた。(1)

（1）巻末参考文献【3】。オットー・グラガウ（一八三四〜九二年）はユダヤ人排斥を唱えた記者・作家。フランスでは、アルフォンス・トゥスネルやピエール＝ジョゼフ・プルードン、エドアール・ドリュモンらが反資本主義・反ユダヤ主義の立場をとった。それを評して、ドイツ社会民主党の創始者の一人アウグスト・ベーベルは「反ユダヤ主義は、愚か者たちの社会主義である」と批判した。

ドイツ民族主義が当面する危機的な状況、また一九〇〇年前後に若者たちのあいだでワンダーフォーゲル運動が広まったことから窺える都市化・工業化への反発のなか、反ユダヤ主義は主要な役割を演じるようになっていく。ドイツにおいては国民意識の混乱と近代化への不安とのあいだで、ユダヤ人排斥が触媒となるのである。

第二章　一九三三年から一九三九年までのドイツ――合法的な排斥

I　ナチス化したドイツ――隷従を強いられた国民

第一次大戦で味わわされた戦火への恐怖も、「英知に導かれ、幸福に向かって歩む人類」というような安心このうえない展望のおかげで霧散してくれた。しかし、十九世紀末に活況を呈した非合理主義的な風潮が、ここでもまた啓蒙時代から継承していた価値に異議を唱える材料を見つける。とりわけドイツにおいては、一九一八年の敗戦をそのまま受け入れることができなかった。ドイツ軍は、それほど深刻な打撃を受けていなかったにもかかわらず、一九一八年十一月十一日、敵地（フランス、コンピエーニュの森）において休戦協定を締結することを余儀なくされた。それに加え、戦争で尉官・下士官だった息子たちの多くを、さらに財産をも失った中産階級はみな没落の憂き目に遭った。民主主義の伝統を持たず、愛国心も踏みにじられた国において、議会共和制になじめないこれら中産階級は、極右民族派や秘密結社ドイツ義勇軍《フライコール》が自分たちを受け入れてくれる相手と考えた。こうして一九一九年から二四年にかけ、「〔ユダヤ人の〕裏切りと騙し討ちで、袋のネズミにされた」などの妄言を広め、しばしば殺人などを犯しながら、ほとんど逮捕もされない者ら無数の極右集団が、わがもの顔にふるまった。不穏な情勢下、ワイマール共和国の政治体制が国論を統一することなど無理な注文だった。ふたたび民族主義と反ユダヤ主義がわき起こる。保守主義と鬱屈した民族主義、社会的ルサンチマンが混じり合う土壌に、内実は古いが新しいスタイルのプロパガンダをひっさげて現われたのが国家社会主義党である。

一九一九年に結成されたドイツ労働者党は、アドルフ・ヒトラーが一九二一年に改革してNSDAP（国家社会主義ドイツ労働者党）となったが、一九三〇年になるまで、あまりその存在は知られていなかった。だが、危機が幸いしたといえよう。ヒトラーは、雄弁家としても希有な才能に恵まれており、第一次大戦より数年前のドイツ保守革命思想の古い澱から拾ったポピュリズムと激烈な民族主義、反ユダヤ主義的演説を絶え間なくくり返しながら自分なりの方法を編みだしたといえる。というのもある意味において、また基本的な点で、根本から反西欧的な彼のニヒリズムは、既存のイタリア・ファシズムやドイツ民族主義、フェルキッシュ〔民族〕保守革命派の唱えるテーマを乗り越えていた。彼は、ドイツ国内の民主的コンセンサスのひ弱さ、また同時に左翼政党、とくに共産党の行動に対するドイツ人の憎悪を逆手にとった。アメリカ発の経済危機で困窮の波が押し寄せ、その混乱（一九三〇年代初期、ドイツの対労働力人口比で失業者は二五パーセント）に乗じたというのも事実である。

国家社会主義（以下ナチズム）とは、何よりもまず人種差別主義であり、反ユダヤ主義をその最重要原則とする。しかもそれは、反民主的かつ反マルクス思想の、民族主義であり、そして近代経済と政治的後進性という大きな乖離がある社会のなかで羽を伸ばす汎ゲルマン主義でもあった。したがってナチズムというのは、同時に近代性と近代性拒否の混合物なのである。社会進化論《ダーウィニズム》や人類社会学《アンスロポソシオロジー》の近代性、それに対するフェルキッシュ思想（伝統と土地、太陽、自然を愛し、都会や金銭、ユダヤ人……を否定）のように近代性を拒む側面もある。この「反動的モダニズム」(1)は、啓蒙主義のユダヤ人解放運動が存続を容認したユダヤ人の異質性、それを破壊しようとする衝動を明確な形にした。だがナチスの反ユダヤ主義はまた、工業ならびに最新技術と保守的思考とを融和させる手腕も持ち合わせていた。どういうことかというと、都市であれ、工場あるいは資本家であれ、ユダヤ人から浄化されている（Judenrein ユーデンライン）ことが必要条件であり、それさえ充たしていれば都市、工場、資本家も大歓迎なのだ。言い方を変えれば、「ユダヤがはびこる」近代化は拒否するが、「アーリア人」の技術、それによる現代社会の実際的な様態ならば容認できるとする。

（1）ジェフリー・ハーフ『保守革命とモダニズム――ワイマール・第三帝国のテクノロジー・文化・政治』二〇一〇年、岩波書店。

反ユダヤ主義がアドルフ・ヒトラーひとりの問題でないのは確かだが、このナチス指導者のユダヤ恐怖症《フォビア》は、それが彼の世界観の中心なので少し寄り道してみるだけの価値はあろう。ナチス党の最初の綱領は、ユダヤ人から公民権を剥奪（第四条）し、彼らに外国人法を適用する（第五条）ほか、公職に就くことを禁じ（第六条）、さらに一九一四年八月二日より後にドイツへ入国した者は国外追放とする（第八条）等々である。一九二五年の『我が闘争《マイン・カンプフ》』刊行に伴い、この世界にユダヤ人を住まわせることで生じる終末論的な破局の構図が次々に描かれる。そこに添えられる反ユダヤ主義の言説も過激さを増す。

ヨーロッパ十九世紀末の反ユダヤ主義の理論から借用してきたものだが、以下のように寄生虫学に基づいた用例をその特色とする。ユダヤ人とは「腐敗する死体のなかのウジである」、「黒死病《ペスト》よりも悪臭を放つ」、「このうえなく悪質な細菌を持っている」、「他民族の体内に寄生する」等々。[1] ヒトラーの反ユダヤ思想は、それなりに首尾一貫した妄想だが独創性は見られず、戦争、ことに一九一八年の敗戦に大きく影響を受けている。その思考は、ユダヤ人の陰謀とそれによる破滅という脅威を主として煽る。というわけで、反ユダヤ人対策はいつでも予防策という形をとる。その後においても、ユダヤ民族を消滅させる過程にあってさえ、勝利の夢を描くと同時に、まさに絶滅途上にある犠牲者によって逆に滅ぼされるとの不安も抱いていたのは、そういったフォビアが理由である。

（1）巻末参考文献【4】。

ヒトラーの個人的な反ユダヤ主義は、二十世紀初頭におけるヨーロッパ社会の大きな部分を冒していた社会病の縮図といえよう。彼の妄想は、もしその当人が一近代国家の統治権をつかむようなことがなければ、まったく世の関心も引かずにすんだことである。反ユダヤ主義の政治が進展するにしたがい、彼の文章を考証しないわけにはいかなくなった。『マイン・カンプフ』のなかで、ヒトラーは人種政策と外交政策とを結びつけた。執筆から一八年が経った一九四二年、ナチス・ドイツ第三帝国〔神聖ローマ帝国、帝政ドイツについで三番目の帝国だとするナチスが好む呼び方〕の人種政策と外交政策とはともに全盛期にあった。[1]

（1）こうして一九四二年二月二十四日、ヒトラーは「わたしの予言は成就するだろう。この戦争で壊滅させられるのがアーリア民族ではなく、ユダヤ民族であるのは確かなことである。この戦いが何をもたらそうと、どれほど時間がかかろうと、最終結果はそうなるのだ」と述べる。そして一九四五年四月二十九日、死ぬ前日に口述した政治遺書にて「政府と党に対しては、人種法の遵守と世界の全民族を毒する国際的ユダヤ主義への容赦ない抵抗を、細心の注意をもって監視しておくよう義務づけておいた」と述べ、ユダヤ人殲滅が彼の闘争の機軸であったことを明かす。

一九三〇年の総選挙で、ナチス党は議席を一二から一〇七に伸ばした（有権者の一八パーセント）。一九三二年の大統領選では、ヒトラー自身が一一三〇万票を獲得、再選されたヒンデンブルク元帥は一九〇〇万票の得票だった。そして一九三二年七月の総選挙、ナチス党は三七・四パーセントの得票率を得た。老練な政治家フォン＝パーペンの忠告があって、一九三三年一月三十日、ヒンデンブルクはヒトラーを首相に指名。ドイツ民衆の一部から支持があったものの、国民全体ではなく、ましてや知識人と財界の支持は望めない。もっともその彼らに政治力のなかったこと、そしてナチ活動家によるヒトラーの断固たる気迫のデモンストレーションがヒトラーの躍進に貢献したのである。

ドイツに独裁制が布かれるまで六か月もかからなかった。前倒しの総選挙（一九三三年三月五日）はひどく緊迫した情勢のなかで実施され、ナチス党が四四パーセント、総議席六四〇のうち二八八議席を獲得するのを許した。中央党と国家人民党の支持を得たヒトラーは勢いを得て、同年三月二十三日、四年間にわたっての全権を掌握する。それに先立つ二月二十八日の国会《ライヒスターク》議事堂火災を口実にした異常事態が恒常化する。共産党は禁止となり、四〇〇〇名の幹部は逮捕、一九三三年三月末、ミュンヘン近くに建設された最初の強制収容所ダッハウに送られる。

ドイツのナチス化は、まずことあるごとに行政機構を乗っ取ることと、司法機構と公務員を支配下に置くことから始まった。その目的で、すでに中央集権化された国家のいたるところに配置された秘密国家警察《ゲシュタポ》（政治警察としての創設は一九三三年四月）が活躍する。国内のナチス化は精神指導（ヒトラーはプロテスタントおよびカトリック教会の賛同を得た）や青年の軍隊への動員、教育の「浄化」、また情宣活動となった文化活動をさらに利用することなどを通じて行なわれる。

その仕組みは実行を伴う威嚇による恐怖政治であり、それは最初に強制収容所から始められた。一九三三年には、大まかな地域別に三つの収容所がすでに建設されていた。ほかの手本となるダッハウ、ベルリン近郊のオラニエンブルク、オランダ国境に近いエムスラントの強制収容所である。一九三四年七月には強制収容所監督府が創設され、一九三八年以後はオラニエン＝ザクセンハウゼンがその本部となり、WVHA（親衛隊経済行政本部、司令官は親衛隊オズヴァルト・ポール大将）も設置された。一九三九年の時点で、強制収容所監督府は六つの主要収容所を統括しており、同年八月の記録では捕囚総数二万一〇〇〇名とある。ダッハウ、オラニエン＝ザクセンハウゼン、一九三七年開設のブーヘンヴァルト、翌三八年開設のフロッセンビュルク、同年オーストリアに建設されたマウトハウゼン、そして三九年の女性用強制収容所ラーフェンスブリュックである。ほかにも附属収容所や強制労働収容所もあるが、これは数えていない[1]。

（1）KLあるいはKZ（強制収容所［コンツェントラツィオンラガー］の略）の組織は戦争の進展とともに拡張されていった。一九四三年には主要な収容所が二一か所あり、一九三九年の収容総数は二万一四〇〇名、四二年にはそれが一一万五〇〇〇名に膨れあがり、四四年では五二万四〇〇〇名（その一〇パーセントがドイツ人）、四五年一月には七一万四〇〇〇名にも達している。

一九三三年から翌年にかけて立法府がすべての権限を失い、内閣は一九三八年二月をもってその機能を停止した。政権はほぼ総統《フューラー》の個人的なカリスマだけで成り立っていた。実際面では、官僚機構同士が競合しあう「無秩序な組織」へと向かっていく。ナチズムとは、何よりもまずヒトラー主義である。[1] すなわち、そういった競争的多頭組織《ポリアーキー》の上にアドルフ・ヒトラーがいて、その「世界観」が国家《ライヒ》〔ドイツ本国および併合地域を指す〕の総合政策を決める最重要な要となるのであり、したがって「ユダヤ人問題」および「生存圏問題《レーベンスラウム》」がその中心的位置を占めるようになる。世界は敵対しあっており、その自然状態は戦争であるという彼の世界観と人種的純血の追求とが、まだ胎動中でしかなかった「生物学中心主義」を、第三帝国の政策として前面に押しだしたのである。

（1）巻末参考文献【5】。またイアン・カーショーは、「あらゆる分野における権力を一人の人間――当人のやり方は官僚主義とは無縁で、また問題のとらえ方も気まぐれである（……）――の手に集中させることは、ライバルの権威同士が渦巻くマグマのなかに事務処理上の混乱の種を蒔くに等しい。ところでこの制度上の支離滅裂さだが、それ自体は当人にとっての最も確かな保証である。というのは、担当責任者たち全員があらかじめ目を通しておいてくれるからである」と書いた（『ヒトラー』第二巻、八二五頁）。

Ⅱ　排斥（一九三三～三九年）

ナチズムにとって、人種理論は社会構造を変える手段である。一八六〇年前後に構築されたドイツの文化人類学は、人種が社会ならびに文化の主要決定要因であるとした（同じ時期、あるいはちょっと遅れて、ヴァシェル・ド＝ラプージュやスーリ、ル＝ボンなどを中心とするフランス人種主義理論学派も同じ主張をしていた）。その半世紀後、主として人種を基盤に置くドイツ優生学派の活動は、すでに充分な理論的土台を築いており、ドイツ社会の一部から賛同も得ていた。

ナチス政権は、一九三三年七月十四日、強制断種法案を採択することでドイツ優生学派に法的根拠を与えた。その対象となる者は「遺伝病者」と「更生不可能で危険な犯罪者」であり、三五万人を超えていた。心理学者や文化人類学者などの科学者団体も、大多数がこの措置を認めた。

このように残された足跡をたどっていくとニュルンベルク法（後述）に近づき、ナチズムだけの枠組みを超えた学術的進歩というなかにそれらを位置づけることができる。そしてそのなかに、一九三六年からくり返されることになる「社会不適応者」の法的排除も位置づけなければならない。そういった動きは一九三五年から三八年にかけて、ドイツ国内の病院にて実施された「不治の精神病者」の「安楽死」という結果に至り、さらには〈T４《テーフィア》作戦（後述）〉、そしてユダヤ民族絶滅という人種政策につながっていく。一九三九年九月にヨーロッパで始まった第二次世界大戦は、従来の道徳を荒々しく追いやり、この生物学中心主義のためほぼ全分野におよぶ実験場を提供することになる。

ナチス政権が大量虐殺を一挙に進めようと計画していたとは思われない。開戦までは、とくにユダヤ人の法的地位を奪って排除することだけを政策としていた。法律による迫害のほか、周期的にくり返される暴力行為やユダヤ人に屈辱を味わわせることには、明確な三つの段階があった。一九三三年、市民としてのユダヤ人の地位を認めていた根拠法が廃止される。ユダヤ人は公職および文化活動から追放され、多種の職業（おもに自由業）も徐々に禁じられるようになった。それが「市民としての死」である。一九三五年になると第二段階で、ニュルンベルク法によってユダヤ人はほかのドイツ人と物理的に隔離された。それが「政治的な死」である。そして一九三八年、一連の経済的措置によってユダヤ人の疎外と貧困化が達成された。これが「経済的な死」である。市民権と財産を奪った一九四一年、こんどは生命まで奪うようになる。

こうしてドイツとオーストリアでは、一九三九年九月の開戦以前の法により、ユダヤ人の身許を特定、選り分けのうえ記録し、非合法身分にした。だが、西欧世界は抗議こそすれど行動を起こすことはなかった（経済制裁は一九三八年十一月まで、わずかしか実施されていない）。かくしてユダヤ人がほぼ全面的に見捨てられたことで、機が熟せばもっと大胆に行動できるだろう、とヒトラーは慎重に結論したのである。

ドイツのユダヤ系公務員が解雇されるのは一九三三年四月からである。ユダヤ人の弁護士が所属の弁護士会から除名された。一九三四年末の時点で、弁護士の七割、公証人の六割もが職務遂行不能に陥っている。一九三八年七月、ユダヤ人の医師は医療業務の許可を得ねばならず、それも患者をユダヤ人のみに限定しなければならなくなっていた。ユダヤ人共同体の資産収用（アーリア化）が合法化されると、オーナーがユダヤ人の企業、ということは取締役会にユダヤ人がいる、あるいはユダヤ人が資本の二五パーセント以上を保有している、さもなければ五〇パーセント以上の議決権を有している企業、すなわちアーリア化すべきユダヤ人企業が綿密に選択されて、大規模な収用が実施された。一九三八年六月十四日、内務大臣フリックは「強制的アーリア化」の手続きを開始、それによって企業資産を国家へ移譲（国は代価を国債にて支払う）させ、中産階級のドイツ人がそれをローンで取得できるようにした。体制の支持基盤を固めることが先決だったのだ。こうして反ユダヤ政策は、かつてナチス政権が中産・庶民階級向けに公約していた社会政策の代用として、迅速かつ具体的に一部国民の経済的欲求を満足させたのである。

一九三八年になると、戦争準備という口実で「アーリア化」に拍車がかかる。一九三八年四月二十六日付けの政令にて、ユダヤ系市民に対し全資産の届け出を義務づける。経済相ヘルマン・ゲーリングは四か年計画の実施を任されており、「ドイツの国家経済の必要に応じ」てそれらを処分する権限も有していた。一九三八年四月から十一月にかけて、国《ライヒ》はドイツ経済の利益のためという名目で、申告された「ユダヤ資産」七〇億マルクのうち二〇億を供出させた。オーストリア併合《アンシュルス》(1)後のウィーンでは、「アーリア化」がすぐに凶暴な形をとりはじめ、それが手本とすべき方法としてライヒ内で、後には占領下ヨーロッパ全域でも採用される。アパートのユダヤ系所有者は(2)、一切の補償も代替住宅の可能性もなく強制退去させられた。一九三九年四月からこんどは借家人の番で、住宅を借りているユダヤ系市民は家主に対する一切の権利を奪われた。締めつけ政策は交通法にもおよび、彼らから運転免許証がとりあげられた。

(1) アンシュルスに対する旧オーストリアのユダヤ系市民の反応は何よりも絶望感だった。一九三八年三月末の二週間で、自殺者は二二〇名を数えた。そして、オストマルク（ナチス・ドイツに併合後の旧オーストリア地方）にて遂行された政策はきわめて粗暴であり、彼らの危惧が的中したと言えよう。

(2) 七万戸のアパート、ウィーンのアパート総数の一〇パーセントがユダヤ系市民の持ち物で、これは「赤いウィーン」

時代（一九一八〜三三年に社会民主党が市政を握った）に建設された公営住宅の総数よりも多い。

そしていよいよ経済に関連して、ユダヤ系企業と自由業のユダヤ人は、一九三八年十二月三十一日をもってすべての業務を停止しなければならなくなった。その一か月前には小売商店の営業停止、十二月三日、それら商店主は残りの資産を売却するよう迫られた。ユダヤ系労働者はどうかというと、あらゆる社会保障制度から閉めだされる。こうして、ユダヤ系市民だけを対象とする給与措置がとられた（一九四〇年以降、有給休暇制度、家族手当、死亡手当、労災保険、傷病手当、年金制度を享受できなくなった）。

事態は進展し、ユダヤ人を特定できる「目印」が考えられる。一九三八年一月になると、三三年一月以前になされた戸籍変更を無効とした〔ナチス台頭後、排斥を予測して氏名をドイツ化した者に対する措置〕。三八年八月、ユダヤ系の各市民は自分の名に、男ならイスラエル、女ならザラをつけ加えるよう義務づけられる。一九三九年五月に実施された国勢調査の際、ユダヤ系家族の調査票はＪｕｄｅ（ユダヤ人）の「Ｊ」と記されるようになった。

ドイツの一世紀にわたるユダヤ系市民の同化政策の歴史は、一九三三年からわずか六年で破綻した。ライヒだけでも、一九三九年から四五年までのあいだに、ナチス体制は反ユダヤ主義の法令と政令を二〇〇〇ちかくも公布する。

政治的排除――ニュルンベルク法（一九三五年）

一九三三年、ナチス・ドイツの法制度を担う法律家たちは「ユダヤ人」をいかに定義づけるか模索していた。宗教を基準にしてみたところ、ナチズムの目安ではだれもが「非アーリア人」になってしまう。

それでは排除するための定義とならない。というわけで、一九三五年九月にニュルンベルクでナチ党総会が開かれた際、ヒトラーは法務責任者と「ユダヤ人問題」専門家に〈ドイツ人の血と名誉を守るための法律〉という名の政令を準備するよう命じた。政令は二日間で書き上げられ、一九三五年九月十五日に採択された。まず「祖父母の三人以上がユダヤ人である者」と先祖による基準でふるいにかけたあと、政令はユダヤ人が「アーリア民族」に属さないと明言（「血縁と地縁」に反するので）、したがって彼らは市民とはなれない。このニュルンベルク法は「生粋の」ドイツ人だけに与えられる市民権、それとはべつに国籍の定義を分けており、このようにして国籍だけの所有者（おもにユダヤ系）を帝国《ライヒ》市民（ドイツ人）からはっきり区別した。これらの法律措置は、ヒトラーが一九一九年にその到来を希求していた理性的なる人種差別政策の序幕にすぎない。

ユダヤ人と非ユダヤ人の結婚ならびに性交渉はすべて禁止となった。そのような性交渉は「不浄」とされ、「人種冒瀆罪」に抵触する。ユダヤ人はライヒ市民権を持たないから、ドイツ国旗を掲げることも許されない。そして法律は、国民外とされる「完全ユダヤ人」を「部分ユダヤ人――混血ドイツ人」からも区別した。後者については、繁雑を極める施行令が公布された。

Ⅲ　見捨てられたユダヤ人――エヴィアン会議から〈水晶の夜〉まで

1　エヴィアン会議（一九三八年七月）

当時のヨーロッパ情勢といえば、たいへんに排外主義的であり、なかには反ユダヤ主義も見られた。人民戦線政府のフランスは一九三七年に移民対策特別次官府を設置、一九三八年には在外公館による難民受入れを制限し、翌三九年、国内ロゼール県リュークロに「好ましからざる外国人」のための収容施設を造った。アメリカは移民割当法の枠を広げようとはせず[1]、受入れ数はフランスよりも少ないままである。中欧、ことにポーランドは、国内ユダヤ人を一掃したい意向を表明していた。

（1）一九三八年にアメリカ入国ビザを申請したユダヤ人は三〇万人いた。移民ビザを認められたのは三万人のみ。

その難民問題に答を見出そうと一九三八年七月六日から十五日までフランスのエヴィアン（国際連盟本部があるのに、スイスは自国での開催を渋った）で開かれた国際会議は、自国の移民関連政策に関し外交圧力をかけられていたアメリカが提唱し、三二か国が参加した（ソ連とチェコスロヴァキアは代表を送らず、イタリアは参加拒否、最大のユダヤ人口を抱えるハンガリーおよびルーマニア、ポーランドはオブザーバーだけを派遣）。

会議は、〈政府間難民委員会〉の創設および、ロンドンに置かれるその本部によるドイツへの「実情調査団」の派遣を決議した。難民の受入れ先が決まらないこと、どの国の国境も実質上は開かないこと、そして何よりも問題解決への意欲が欠けていたことで、会議の最終声明文は、ドイツ政府による自国民への対応がドイツの国家主権であり、それに意義をはさむものではないと結論するのだった。フランス政府は一九三八年十月付けのドイツ外務大臣に宛てた覚書のなかで、「いかなる国も、ドイツ政府が自国民の一部に対する主権の行使として措置を講じることに異議は唱えない」と言明した。

アメリカで一九三八年末に実施されたギャラップ調査によれば、「ヨーロッパからの難民にアメリカはもっと玄関を開くべきか？」の問いに対し、反対の回答が八七パーセント、賛成が五パーセント、どちらでもないが八パーセントだった。

スイスは一九三九年三月でユダヤ系ドイツ人難民に対して国境を封鎖したが、それはすでに彼らのパスポートに「J」とスタンプを押すようドイツに要求したあとのことである。「世界は二分されてしまったようだ。ユダヤ人がもう生きられない側と、ユダヤ人が入っていけない側とに」と、シオニズム運動の指導者ハイム・ヴァイツマンがすでに一九三六年の時点で述べている。一九三九年に起きた大西洋航路の客船セントルイス号の逸話が、見捨てられたユダヤ人の境遇をよく表わしている。ドイツのハンブルクからユダヤ人難民九〇〇名を乗せたセントルイス号は、大西洋を渡ったアメリカ大陸のどの港でも接岸を許されず、世界のどこにも受け入れてくれる場所がないので、結局のところ難民を乗せたままベルギーのアントワープまで戻るほかなかった[1]……。

(1)〈ジョイント〉と呼ばれるユダヤ人救援組織がユダヤ機間（イスラエル建国以前の実際上の暫定政府）に対し、保有している割当枠からビザを出すように頼んだが拒否された。たしかに元々の割当数も非常に少ないうえ、〈ユダヤ機関〉に多大な影響力を持つイギリスの意向があったようである。

諸国民がユダヤ人を見捨てるという状況のなか、シオニズム運動の執行部である〈ユダヤ機関（世界シオニズム運動の事務局として一九二九年に創設された）〉は、相当数のユダヤ系ドイツ人の救出についてナチス政権との交渉を試みた。ハアヴァラ（ヘブライ語で移送の意。ユダヤ系ドイツ人のパレスチナへの移住）合意は一九三三年八月に締結された。それがドイツにとってはぼろ儲けの取引につながって、当該ユダヤ人はその財産のほとんどを没収されるのだが（海外送金に対する一九三四年の課税率は二〇パーセント、二年後に八一パーセント、四年後には九〇パーセントになった）、何よりも合意は一九三三年から三九年のあいだ六万人のユダヤ人が旧国際連盟イギリス委任統治領のパレスチナに行くことを可能にした。しかしながら、一九四一年まで続いたこのシオニストたちによるナチスとの取引は激烈な論争を巻き起こし、ナチズムと対峙してとるべき態度がユダヤ人共同体のなかで問題となり、イスラエル建国前のパレスチナに住むユダヤ人集団〈イシューヴ〉を孤立させる。

2　ドイツとオーストリアでの〈水晶の夜《クリスタル・ナハト》〉(1)

一九三八年十一月七日のパリ、ドイツから亡命していたユダヤ青年ヘルシェル・グリンシュパン(2)が在パリ・ドイツ大使館の書記官フォム＝ラートを銃撃し、それをナチス・ドイツの宣伝相ゲッベルスは大規模なポグロムを起こす契機と判断し、そのための口実に用いた。

（1）一九三八年のオーストリア併合（アンシュルス）によって、一八万五〇〇〇人のユダヤ系オーストリア人がナチス・ドイツの国民となった。
（2）十七歳のグリンシュパンは、ナチス政権が家族に与えた苦悩に対しての抗議をしたかったようだ。事件の起こる前月の三十日、ドイツ政府はポーランドから逃れてきたユダヤ人一万五〇〇〇人に一人あたりトランク一つと一〇マルクの携行を許してポーランドに送り返そうとしたが、ポーランドが拒否した。だれからも見捨てられ行き場のない彼らは、国境沿いの無人地帯を放浪することとなった。

一九三八年十一月八日、NSDAPの機関紙『民族観察者《フェルキッシャー・ベオバハター》』はライヒ全土で反ユダヤ集会を開催するよう各地の責任者に呼びかけた。フォム＝ラートが病院で死亡した九日、おりしもミュンヘンにてヒトラーによるクーデター未遂（ミュンヘン一揆）の十五周年記念大会が開かれていた。ヒトラーは予定されていた演説もせずに会場をあとにした。代わってゲッベルスが激烈な反ユダヤ主義の演説を打ち、ポグロム開始の号令を放ったが、もちろんナチス党は正面に出ない。党幹部たちやナチス末端組織（ヒトラー・ユーゲント、ナチス突撃隊［SA］、あとでは親衛隊［SS］も）が暴徒に紛れて扇動した。通説とは異なり、じつは水晶の夜《クリスタル・ナハト》がユダヤ系住民に対する表だった最初の暴動ではない。その年の夏にも、ミュンヘンやニュルンベルク、ドルトムントのシナゴーグがもう爆破されていたのである。

暴徒は十一月九日の晩から十日夕方までに、シナゴーグ（二六七か所を荒らして略奪のあと、放火）や共同体施設、まだ残存していたユダヤ人学校、個人所有の建物（アパートと住宅が襲われたほか、荒らされ放火された商店は七五〇〇軒を数える）さえも襲撃した。

殺害されたユダヤ系市民は一〇〇名ちかく、数百人が重傷を負い、女性は暴行されたり（人種冒瀆罪であるにもかかわらず）と、いたるところサディズムの嵐が吹き荒れた。ユダヤ人児童は孤児院を追われた。襲われた側のユダヤ人三万人が逮捕され、うち一万一〇〇〇名がダッハウ、一万名がブーヘンヴァルトの強制収容所送りとなり、そういった意味では彼らが強制収容所に送られる最初のユダヤ人となった。十六歳から八十歳までの逮捕者三万人のうち、最初の数か月で二〇〇〇名が虐待されて死亡する。旧オーストリアにおけるポグロムは、旧ドイツでのそれよりもさらに凶暴で、四二のシナゴーグの破壊と二七名の殺害、一〇〇名ほどが重傷を負わされた。六五〇〇名以上の逮捕があり、大多数がダッハウ送りとなった。事件後の数週間、ユダヤ人社会での自殺が相次ぎ、たとえばウィーン市内だけでも、六八〇件を数えた。

「損害賠償」という名目で、一九三八年四月から凍結されていたユダヤ系市民の資産七〇億マルクのうち、一〇億マルク（当時の為替レートで四億ドル相当）が徴収された。〈クリスタル・ナハト〉と、砕け散る窓ガラスを見てナチス党員がそう名づけた事件は、西欧の沈黙によって容認（前述の不首尾に終わったエヴィアン会議が一例）され、ヨーロッパとアメリカにおいて嫌悪と憤りを巻き起こしたものの、だからといってユダヤ難民のために移民政策を変えさせるまでにはおよばなかった。

正式な命令がなかったことと、集団暴力の猛威を知らされた緒外国は、それが自然発生的なものと誤った印象を持った。実際のところ、地元住民の大多数は暴力行為に反対だった。しかし、それを口に出す者は少数であり、ことにキリスト教会はまったく抗議の言葉を発しなかった。

ナチス体制は、事件の国内ならびに国際的な反響が大きすぎたことを知り、同じ過ちは二度とくり返すまいと決める。こうしてクリスタル・ナハトは、法に則ったプロセス、また同時に官僚主義的な、そして目立たぬ〈最終的解決〉へとつながっていくのである。

それでも状況は、ナチス政権が一九三三年から望んでいた方向に向かっていた。つまり、排除についてだが、一九三三年には約五〇万人いたユダヤ系ドイツ人のうち、一五万人が一九三八年までにドイツを出た。三九年には、残りの半数のおもに若い世代、二十四歳以下の八三パーセントがドイツから逃れた。

初期段階の迫害があったすぐあと、三万七〇〇〇人が移民している。そして一九三四年から三七年にかけては、毎年二万五〇〇〇名ほどが続き、その半分が西ヨーロッパ（とくにフランス）、四分の一がパレスチナを亡命の地とした。ナチス政権が推し進める移民政策は、一九三八年三月のアンシュルスで加速した。翌四月には、ウィーンにユダヤ人国外移住局が設けられて親衛隊少尉アドルフ・アイヒマンが責任者となり、その六か月後には市が抱えるユダヤ人口の四分の一、約四万五〇〇〇人がほぼ追放された状態にあった。三九年十一月三十日の段階で、一九万一〇〇〇人のうち、一二万六〇〇〇人がオーストリアを逃れ、同年九月の開戦後も二万三五〇〇名がまだ移民手続きを続ける。ナチ党員の標語は「追い出せ」であった。クリスタル・ナハトのあと、ヒトラーは「ユダヤ人問題」の責任者にゲーリングを任命する。一九三九年一月二十四日、そのゲーリングは内務大臣フリックに「あらゆる手段を講じてドイツからユダヤ人を移民させせよ」と命じる。ちょうど同じ月、ベルリンにもウィーンと同じような組織〈ユダヤ人移住国家本部〉が組織され、親衛隊中将ハイドリヒが司令官となった。

クリスタル・ナハト後は、恐怖が追い風となって国外移住は加速する。一九三八年から翌年で一二万のユダヤ人がドイツを出国する一方で、同時期のチョコスロヴァキア解体と三九年三月のドイツ軍によるボヘミア・モラビア占領で、また一一万八〇〇〇人のユダヤ人が行き場を失ってしまった。一九三八年以降、アンシュルス（三月）から始まり、ハンガリーにおける最初のユダヤ人排斥法（五月）やエヴィアン会議の失敗（七月）、イタリアのユダヤ人排斥法（十月）、クリスタル・ナハト（十一月）と、もはやヨーロッパでは大陸規模で迫害に拍車がかかっていた。

第三章　混乱を極めた政策（一九三九〜一九四一年）

I　躊躇《ためらい》

1　第三帝国《ライヒ》とポーランドにおける仕組まれた締めつけ

ヨーロッパにおけるユダヤ文化を破壊しようという企ては、官僚的な合理主義と恒常的な即興の混合であった。官僚というものはめったに現在進行中の案件以外へは目を配らないものである。

開戦とほぼ同時に、食糧配給が立案され、微細きわまりない方法で飢餓が準備された。一九三九年十二月時点ですでに、食糧の特別配給リストからユダヤ系ドイツ人がのぞかれ、一九四〇年三月には彼らの配給手帳に「J」のスタンプが、一九四二年三月からは「JUDE（ユダヤ人）」と大きく斜めに押されるようになった。商店では、彼らの買い物時間帯が設けられた（ベルリンの場合、午後四時から五時のあいだ）。一九三九年九月になると、午後八時以降の外出禁止、ラジオも没収される。同十一月、時間と場所を限定する移動制限令が、四一年九月からは公共交通機関の利用禁止、そして四二年三月、歩行以外すべての交通手段が禁止となる。

一九四一年九月、六歳以上の全ユダヤ系住民は目立つ黒字で「JUDE」と書いた黄色い布製〈ダビデの星〉を左胸に縫いつけることを義務づけられた。それは、彼らがかつて受勲した勲章やメダルを返還すべき期日と重なる。同時期、これも偶然ではないが、彼らの居住自治体からの転出が禁止される。その一か月後、ドイツ占領下のヨーロッパにおけるユダヤ人の移住も禁止となった。

排斥政策は、オストマルク（旧オーストリア）ではより粗暴な展開を見せる。三九年秋より、ウィーンのユダヤ系住民一〇万五〇〇〇人に召集がかかり、市内の一か所に閉じ込められた。四十歳以下が一五パーセントしかいない高齢化社会となっていたので、食事の用意を必要とする者は三万三〇〇〇名を数え、悲惨な状況に陥った。段階的破壊の実験にはウィーンが最初に選ばれ、そこでは各ステップがつぎの厳しい段階への用意、逆境への急転に慣れさせる仕組みになっていた。

ポーランドは、一九三九年九月一日にドイツの侵攻を受け、同十七日にソ連から攻撃を仕掛けられ、二十五日に敗退して国家としては消滅してしまった。その領土は四つの地域に分けられ、第一はドイツが併合してその一部を〈ヴァルテラント帝国大管区〉(1)と呼び、第二はソ連領、第三のヴィリニュスを含む地域はリトアニア領に、第四はドイツ軍が占領して〈ポーランド総督府領〉と呼ばれるようになった。

（1）ドイツが併合した地域はダンツィヒとヴァルテラントの二つの帝国大管区（ライヒスガウエ）となり、後者ヴァルテラント大管区はポズナン（ドイツ語ではポーゼン）およびウッチ（同じくリッツマンシュタット）の両市を含む。

一九三九年秋の時点で、ドイツ支配下で暮らしていたユダヤ系ポーランド人は一九〇万人を数え、その内訳はヴァルテラントに六〇万、ポーランド総督府領に一三〇万である。ドイツ軍は駐留してくるなり、ユダヤ系住民に対する扱いで前代未聞の凶暴さを見せ、それは一九三九年秋すでに編成されてあった特別行動部隊《アインザッツグルッペン》の七部隊による所業であった。一九一四年のドイツ人による占領を記憶していた年配者たちは、あまりのちがいに自分の目を疑ったという。〈ポーランド総督府領〉では三九年十一月にはもう、ユダヤ系住民は白地に青い〈ダビデの星〉の腕章を着用するよう義務づけられた。〈ヴァルテラント帝国大管区（略してヴァルテガウ）〉においては、同じ星印を胸と背に二枚縫いつけるよう強制された。十二月十一日以降、一切の転居が禁止となる。午後九時から午前五時までの外出禁止令も出た。四〇年一月、鉄道の利用が禁じられる。家族異動の届け出は当然として、各人の身分証明書には特別のスタンプが押されるようになった。

小規模なユダヤ人共同体（五〇〇人以下）は解体、それら村落は略奪されてから火を放たれるというように、「集合隔離作戦」は徹底した手荒さを伴って実行に移された。残されたユダヤ人の財産は「置き捨てられたもの」として処分される。職人工房や商店、事務所は二束三文で「ドイツ系ポーランド人《フォルクスドイチェ》（民族ドイツ人ともいう）」が買いとった。ポーランド総督府領に関していえば、一九三九年十月二十六日公布の政令によって強制労働、すなわち無制限の搾取が始まった。

2 移住と追放

一九三三年から少なくとも一九三九年まで、役所仕事の常で数知れない決裁書によって、ベルリン政府はユダヤ系住民の大規模移住を推進しようとした。ところが、第三帝国が強大になるにしたがい、ユダヤ人を浄化した国《ユーデンライン》の夢は遠ざかる。一九三八年三月のオーストリア併合《アンシュルス》、同年十月のズデーテン地方併合、三九年三月のベーメン・メーレン保護領と、ほんの一年間で〈ユダヤ人問題〉は、数字だけ見れば、一九三三年に舞い戻りしてしまっていた。

　第二次大戦の開戦にともない、〈ユダヤ人問題〉は異様な重大さを持ちつつあった。一九三九年九月二十七日は象徴的な日となる。というのは、国家警察および親衛隊の最高指導者ヒムラーが国家保安本部（RSHA）[1]を創設し、その責任者にラインハルト・ハイドリヒを任命したのである。本部内の第四局には〈ユダヤ人問題〉を扱う課もあり、以前ウィーンにて「ユダヤ人移住問題」の責任者を務めたアドルフ・アイヒマンが課長となった。

（1）RSHAは七局を擁し、その第四局が秘密国家警察（ゲシュタポ）で責任者はハインリヒ・ミュラー。〈ユダヤ人問題〉課はゲシュタポ内の一課である。

　ポーランドを属国化した（一九三九年九月）ドイツは、ヨーロッパないし全世界におけるユダヤ文化の要の一つである国を支配下に置いてしまった。イギリスとの戦争が長引く（一九四〇〜四一年）につれ、ユダヤ人の大量移民の可能性は望み薄となった。少なくとも二度にわたって、ドイツ政府の責任者は「ユダヤ人保護区」計画案を具体化しようと試みた「イギリスに戦勝後、その艦隊を移民輸送に使おうと考えていた」。

　一九三九年九月にハイドリヒが策定した最初の計画では、ポーランドのドイツ語圏に住むユダヤ系住民を〈ポーランド総督府領〉内のルブリン地域に大量移住させることになっていた。だが当のハンス・

フランク総督は、「模範的な植民地」となっている自分の総督府領が「ユダヤ人保留地」になるのを望まなかった。一方、ドイツ経済の責任を担うゲーリングも、ライヒに併合された地域にある従順な労働力を失いたくなかった。旧ポーランド国内に「ユダヤ人保留地」を設ける案へのこうした二重の抵抗は、この〈ニスコ計画〉と呼ばれたユダヤ人三〇〇万人の移住計画が廃案になった背景である（一九四〇年一月の時点ですでに、ライヒのユダヤ人八万人がポーランド南東のニスコに強制移住させられていた）。実際、四〇年三月にはユダヤ人のポーランド総督府領内への移送が中止された。

四〇年五月二十五日付けで、ヒムラーはヒトラー宛に覚書を提出し、そのなかで「全ユダヤ人をアフリカないしほかの植民地に移住させること」を検討中であると書いた。そしてフランスが降伏した後、アイヒマンはフランス植民地のマダガスカル島（五万平方キロメートル）に住むフランス人二万五〇〇〇名を追放し、そこに四年かけて四五〇万のユダヤ人を移住させる計画を練る……。これが実質上、大量移住によるユダヤ人居留地構想の第二弾であり、そこにヒムラー配下のマダガスカル総督が置かれるはずであった。これは外務省の〈ユダヤ人課〉の長であるフランツ・ラーデマッヒャーがつぎに述べるように、反ユダヤ主義をあからさまに見せる計画だった。「以上の措置を講ずることは、パレスチナの地にユダヤ人のヴァチカン市国を建設するような企てを阻止し、またキリスト教徒とイスラム教徒にとって象徴的価値を持つエルサレムを、ユダヤ人が都合のいいようにするのを阻止する一助となるでしょう」

Ⅱ　移送と抑留――ゲットーの計画的解体

占領開始から数か月のあいだ、ポーランドのユダヤ系住民はまだそれが一過性の嵐にすぎないと考えていた。〈最終的解決〉など思いもよらなかったのである。

一九三九年末になるとハンス・フランクの指示により、ユダヤ人は有刺鉄線に囲まれた町の一区画に押し込められたうえ、午後七時から朝七時までの外出禁止令に従わされた。公式には、チフス撲滅とユダヤ人の闇市場取締が理由だった。非公式には、ゲットーは飢餓と疲労、疫病によって「自然淘汰」作用を推進させる使命を負っていた。

リッツマンシュタットと名を変えられたウッチ市に、一九四〇年四月、最初のゲットーが設けられる。間もなくワルシャワ（四〇年十月）に、クラクフ（四一年三月）、ルブリン（四一年四月）、そしてランベルクとドイツ名に変わったルヴフ市（四一年十二月）にも、ワルシャワおよびウッチに次ぐ規模のゲットーが造られた。それらの地図も、見本となる青写真ももはや存在しないが、共通していたのは、外部との接触がひどく制限され（電話はきわめて少ししか利用できず、銀行はあっても名ばかりでどれもほとんど閉まっていた）、ゲットー内の状況はといえば、〔自治権が与えられるかもしれないという〕当初の淡い期待とは違い、ゲシュタポとクリポ（刑事警察）による強力な監視下に置かれた。四一年末、ポーランド総督府領のほぼ全ユダヤ人がそれらのゲットーに押し込められる一方で、すでにその六か月前、独ソ戦が展開するソ連内では大量虐殺が始まっていた。

1　ウッチとワルシャワ

ウッチのゲットーは、元々あばら屋が密集し、すでに六万二〇〇〇人のユダヤ人が暮らしている界隈に設けられた。そこへ、ほんの数週間のうちに一〇万人も送りこまれたものだから、一部屋あたりの人数が六人に膨れあがったという。

四一年十月に入るとゲットーは、ライヒからのユダヤ人と、一定数のロマたち、いわゆるジプシーにとっては虐殺される前の最後の中継地となる。ナチの計算どおりに、狭苦しさ、空腹、疫病が効果を現わす。収容所への大量移送がまだ始まる以前の四二年五月を例にとれば、ゲットー内の出産数は五八件で、死亡数は一七七九件を数えた。さらに、四一年四月には二四三八トン配給されていた小麦粉が、八月になると一二一〇トンしかなくなり、それはゲットー内の警察が食糧を横取りするのでさらに減っていった。[1]

(1)「今日、(ユーデンラートの)議長が職人工房の親方たちを召集して告げた。『ユダヤの同胞よ、もうゲットー内には食べるものがない。理由は、鉄道輸送がすべて軍に回されてしまったからだ。わたしは小麦粉とジャガイモを積んだ貨車をいくつか回してくれるよう頼んだけれど、ドイツ人も腹を空かせて苦しんでいて、まず兵隊が優先され、つぎに民間ドイツ人、そのあとにポーランド人、そしていちばん最後、貨車がもしまだ残っているなら、われわれも何かをもらえる、それが返事だった』」巻末参考文献【1】、「ウッチ・ゲットーの日記、一九四二年、七月十四日」、六二頁。

ゲットーに居留させられた人口（二〇万名）の四分の一が死亡、一九四二年初頭の数か月で五万五〇〇〇人が収容所に移送されていなくなった。最も大規模な収容所への移送は四二年の九月五日から十二日の期間に実施された。シュロイム・フランクがドイツ軍による移送作戦の一つを証言している。「恐ろしさから、子供をとりあげられるという不安から、母親たちは頭が変になってしまう。子供たちが母親に抱きついたり脚にしがみついたり、泣いて許しを乞う……。どんな隠れ場所も見つかってしまい、子供たちが母親の目の前で殺される」作戦第三日の情景「道路が血に染まっている。死人、死人、死人……。三番目の殺人者（シュミットという名らしい）が幼い子を四人並んで無理に跪かせ、口を開けろと命じる。怖さで真っ青になった子供の口のなかに一人ずつ撃っていく……。どの子も悲鳴さえあげなかった。死んでこわばって、ラゲヴニツカ通りの歩道に横たわる」(1)

（1）巻末参考文献【1】、七九頁。

一九四二年末、いつの間にかウッチは経済的な理由（親衛隊は地域のドイツ企業へ従順なユダヤ人労働力を売っていた）からポーランド随一のゲットーとなった。八万人が毎日十二時間働き、その報酬として刑務所の囚人と同じ食事を得ていた。四四年八月にゲットーは解体され、生き残っていた人びとはアウシュヴィッツに移送された。

三九万三〇〇〇人のユダヤ系市民が戦争前のワルシャワに住んでいた。一九四〇年八月、ドイツ人は市を三つ（ドイツ人区、ポーランド人区、ユダヤ人区）に分け、十月二日その三番目をゲットーとした後も、ずっと「ユダヤ人区」としか呼ばなかった。そこは高い塀に囲われたあと、四〇年十一月十六日に封鎖され、一三万八〇〇〇人が狭い場所に押し込まれた（市の総人口の三〇パーセントがわずか総面積の四・六パーセントしかないゲットーに追いやられた）。四一年になるとゲットー居留民は四七万人を数え、恒常的な飢えと疾病にもかかわらず、まだ驚くべき活況を見せる。この「自由な奴隷社会」(1)は、活発に社会活動もくりひろげていた。一九四二年一月には、自治組織は昼食のため七万食を提供しており、建物ごとにおかれた委員会が日常の問題を処理し、秘密の教育組織もタルムード学院《イエシーヴァー》やユダヤ人学校をまねて活動していた。文化活動も続けられた。舞台劇が上演され、地下新聞は四七紙を数え（その半分がシオニズム系、四分の一がユダヤ人ブント系）、歴史学者エマヌエル・リンゲルブルムを中心とする集団〈オネグ・シャバット〉は、ほぼ五〇万人を擁するユダヤ人共同体が日に日に首を絞められていく様を克明な記録に残しつつあった。

（1）エマヌエル・リンゲルブルム『ワルシャワ・ゲットー　捕囚一九四〇〜四二のノート』、一九八二年、みすず書房。

ゲットーに届けられる食糧はわずかで、闇市場が賑わった。ナチス・ドイツの意志とポーランド人の受動性、というか加担のもと、ゲットーは徐々に、しかし確実に死につつあった。すでに四一年五月、ユーデンラート（後述）の議長チェルニャコフは「子供たちが飢えて死んでいく」と書く。パンの配給が週に七〇〇グラムに減って、路上で人びとが栄養失調で行き倒れになり、たった二か月のあいだで死亡率は三倍に増えた。ポーランド・レジスタンス組織によれば、一九四一年時点でワルシャワに住むドイツ人の食事は一日あたり二六〇〇キロカロリーで、「アーリア人扱い」のポーランド人は七〇〇キロカロリー、ユダヤ系ポーランド人は二〇〇キロカロリーだったという。一九四二年初頭、パンの配給が週五〇〇グラムに減らされた。一九三九年から四二年にかけて給与は二倍になったが、食料品の値段は二七倍になった。酷寒（たとえば四〇年二月は摂氏零下二三度、四二年一月は零下二〇度を記録）が悲惨をさらに悪化させる。一九四一年一月十八日、エマヌエル・リンゲルブルムは記す。「寒さがきつくてもう耐えられなくなるような日、ぼろ切れだけをまとった家族が何組も歩道の上をさまよい、物乞いさえせず、胸をかきむしるような声でうめいている」と。

一九四一年五月二十日付けの記録には、彼が毎日のように目にする「骨と皮だけになった」死骸について書いている。当時の死因の四〇パーセントが結核と流行性感冒、チフスだったとある。四二年初頭には、出産一に対し死亡は四五という数字だった。四二年七月の「大作戦」が開始される以前に、計画的な締めつけによって八万三〇〇〇人がもう殺されていた。

2　ユダヤ人評議会

ユダヤ人評議会《ユーデンラート》はドイツ政府の主導で、一九三九年十一月二十八日付けの政令に則って創設された[1]。設立目的はというと、ユダヤ人共同体みずからが行政と関連業務の大部分を担い、それは共同体の変動状況の調査、搾取の手配、ついには自分たちの強制収容所への移送まで遂行する。要するにユーデンラートは、ナチス政権と共同体とを仲介する機関ということになる。言い換えればユダヤ人は、押しつけられた評議会を通じて、もっと過酷さが予想される試練を避けようと段階を追って眼前の試練を受け入れつづけるうち、ついには自分たちの殺戮までも引き受けるということだ。

（1）そしてこれは、一九三九年七月四日に Reichsvereinigung der Juden in Deutschland（ドイツ全国ユダヤ人連合）が設立されたあとのことである。ドイツおよびオーストリア各地、プラハのユダヤ人共同体を参加させたユダヤ人連合は、従来のユダヤ人の代表機関を廃し、ＲＳＨＡ（国家保安本部）とその犠牲者となるユダヤ人たちとのあいだをとりもつ連絡機関となるよう強要された。その後のユダヤ人評議会（ユーデンラート）、そして時期的には最後となる一九四四年四月十九日設立のハンガリー・ユダヤ人協会は、すべてこの連合をモデルにしている。

評議会はドイツ人が直接に指名するか、あるいは多くの場合、伝統にしたがって共同体の世俗・宗教指導者たちで構成された。大多数は戦前の名士が評議員に就いたが、もちろんそれは以前の共同体《ケヒラー》での役割とはかけ離れたものだった（一万人以下の共同体では評議員が一二名、もっと大きな共同体では二四名）。

ユーデンラートは罠にはまった。実際のところ、自治体の行政を担わされたが手段も与えられず、しかもドイツ人は生活必需品も外部に頼るしかない状況に追い込んでおきながら、評議会に自給自足《アウタルキー》の問題を解決せよと迫る。恐怖心を煽るドイツ人の手口に乗せられて、評議会制度は利権と腐敗の温床ともなった。

元ワルシャワ・ユダヤ人共同体の議長で技術士アダム・チェルニャコフ（一八八〇～一九四二年）を長とするワルシャワ・ゲットーのユーデンラートは、じつに六〇〇〇人もの職員を抱えていた。チェルニャコフは、食料配給手帳の発行を監督しなければならなかったし、貧窮者食堂への食材配分から住宅の割当、徴税、学校の管理、医療制度の構築、そしてそれらゲットー内外での全業務をドイツ人に言われたとおりに遂行しなければならない。しかも占領者の側からすれば、住民の怒りをそらせる役目も評議会の職務である。その評議員には便乗主義者としか言いようのない者も交じってはいたが、多くは献身的な社会活動家であった。

ナチス・ドイツは、ポーランドやソ連属国などすでに隷属させた「奴隷国家」では、最初にエリート層の破壊から始めた。ところが、ユダヤ人のエリートは最後までとっておいた。ドイツの国家機構は、一民族全体を物理的に消滅させるにあたり、その犠牲者らを統率する指導機関を必要としたのである。

ユーデンラート、さらにゲットー内のユダヤ人警察組織は、住民のあいだに激しい反発を引き起こした。彼らは、一九四〇年あるいは四一年になってもまだだれも想像さえできなかった民族の絶滅作業に、便宜をはかってしまったのである。それを理解したが故に、ワルシャワ・ゲットーの重要な指導者だったアダム・チェルニャコフは一九四二年七月末、肌身離さず携帯していた青酸カリを呑んで自殺した。「ヴォルトホッフが来て、児童の移送を明日にしろと命令する。これで、もはや限界に達した。無抵抗の子たちを死に送ること、わたしにはできない。わたしは死ぬことに決めた。これを卑怯な行ない、あるいは逃避だと思わないで欲しい。わたしの力は尽き、心も悲しみと哀れみで張り裂けてしまい、もうこれ以上苦しむことはできない。(……)あなた方に重い遺産を残していくことは自覚しているつもりだ」と、一九四二年七月二十三日付けの評議会に宛てた最後の手紙に記した。

III　一九四一年夏の転機――ジェノサイドの第一段階

1　特別行動部隊《アインザッツグルッペン》の創設

一九四一年一月、国家保安本部（RSHA）は、対ソ戦線をその後方において掩護のほか、ユダヤ人およびソ連軍の共産党政治将校たち捕虜の抹殺も担当する[1]四部隊を送りこんだ。この三〇〇〇名にもおよぶ志願兵たちは、幾人かの聖職者や知識人も含む高級将校の指揮下、アインザッツグルッペン隊員として従軍していた。この特殊部隊は新規なものではなく、すでに一九三八年三月のオーストリア、同年十月のズデーテン、三九年三月にはベーレン・メーレン保護領に変えられた旧チェコスロヴァキアにても活動している。そのあとのポーランドにおいては、一九三九年九月、十月の二か月でユダヤ人も含め七万人を殺害している。各部隊は五〇〇人から一〇〇〇人の規模で、四つか五つの分遣隊《コマンド》からなる。A部隊は北方軍集団に属し、B部隊は中央軍集団、C部隊が南方軍集団、D部隊は第一一軍の指揮下にあった（五七ページの地図を参照のこと）。

（1）この戦争の「特殊性」は正規軍指揮官の多くが認めていることだ。たとえば、ソ連戦線の第六軍総司令官であるライヒェナウ元帥が一九四一年十月十日に下した命令には、「東部戦線にて戦闘する者は、単に兵学が規定するところの兵士であるのみならず、仮借ない民族主義思想の信奉者でなければならない。……それゆえに、劣等人類であるユダヤの輩に対しては、厳しく、だが正義の報復を与えることが必要なのであり、兵士はそのことを完璧に理解せねばならない」とある。
（ニュルンベルク国際軍事法廷による重要戦争犯罪人の裁判記録、一九四七～四九年、第四巻、四七六頁）

もはや追放とか強制労働とかの問題ではなくなっていた。ホロコースト研究家のラウル・ヒルバーグが「移動殺戮作戦」と名づけた活動は、大量殺戮を予定していたのである。一九四一年六月二十二日の独ソ開戦以降、ドイツ軍が侵攻した地域に住んでいた三〇〇〇万のユダヤ人のうち、半分の一五〇〇万人がなんとか逃れられた。

六月中にはもう殺戮が始まり、八月に入ってからは大量虐殺の様相を呈するようになる。七月十七日ラインハルト・ハイドリヒは、捕虜となったソ連兵のなかから共産党ないし連邦政府内で責任を持っている者、つぎに全ユダヤ人を割り出すよう命じた。前者は役職別一一種に分類され、後者は裁判もなく処刑されることになった。

2 「移動殺戮作戦」

一九四一年六月末から、独ソ戦線のドイツ軍後方では銃声の絶えるときがなかった。ナチス・ドイツは、以後の慎重さとは異なり、まだそれらの殺戮を秘密にしておこうという意識などまったくなかったのだ。アインザッツグルッペンに追われ、ユダヤ系住民は（その多くは女と子供、年寄りだった。というのは、男たちはソ連赤軍に駆りだされていたから）町から離れたところ、場合によって町外れに集められた。それに先立ち、警察隊が村あるいは町のなかに配備され、また「ユダヤ人労務者」の一団に共同墓穴も掘らせてあった。ほとんどのユダヤ住民は集合場所に現われる。なぜなら、少数が隠れようとしたが見つかり、その場で撃ち殺されるか、家ごと火をつけられてしまったからだ(1)。

(1) ミンスクで実際にあった。ほかの者たちは、黒海に注ぐプリピャチ河岸の湿地で溺れさせられた。

五〇名から一〇〇名が集合している場所から、徒歩かトラックに乗せられてさほど遠くないところ、虐殺の現場に連れて行かれる。脱衣してから墓穴の縁に立ったところを、コマンドが何度か連射をくり返して殺すと、直前に処刑されてまだもがいている身体の上に落ちる。こうして時には、血を流しながら数十時間も息をしている例もあった。

一九四一年九月の〈バビ・ヤールの虐殺〉は、まさにこれらの大量殺戮を象徴する。ドイツ軍がキエフに入ったのは一九四一年九月十九日。一〇日後の二十九日と三十日、キエフから遠くないバビ・ヤールの圏谷《カール》で三万三七七一名のユダヤ人がアインザッツグルッペン・C部隊のコマンドによって殺戮された。ユダヤ人の列はコマンドに見張られ、ウクライナ住民の暴行を受けながら[1]そこまで連れてこられ、脱衣のあと貴重品をとりあげられた。全裸で、長さ一五〇メートル、幅三〇メートル、深さ一五メートルのカールのなかに追い入れられた。特殊コマンド4a隊の一員クルト・ヴェルナーは語る。「(……)ユダヤ人たちは穴の壁に向かってうつぶせにならなければならないんです。穴の底には一二人からなる銃殺隊が三隊配置されていました。ユダヤ人は一回分の全員が銃殺隊の前に連れてこられます。処刑された人間の上に横たわるわけです。銃殺隊は彼らの後ろに立って後頭部を撃ちます。今でも思い出しますが、ユダヤ人たちは穴の縁まで来て死体が見えると、恐怖にとりつかれてしまいます。すると大部分は動転してしまい、悲鳴をあげはじめるのです[2]」

(1) 一九四一年七月末、ウクライナ人警察官を含む二六の大隊が結成された。
(2) 巻末参考文献【6】、六一頁。

同じような大規模な殺戮は、一九四一年十月十六日にオデッサを攻略したルーマニア軍によってもなされる[1]。攻略の一一日後、ソ連の抵抗勢力《パルチザン》が彼らの司令部を爆破した。その報復はユダヤ系住民に向けられ、すぐさま一家族につき一人の人質を出すよう要求された。十月二十八日、ふたたびテロ事件が起こった翌日、オデッサ市内で一万九〇〇〇人が銃殺され、そこから数キロメートル離れたところでも三万人ちかいユダヤ人が倉庫群に追い込まれ、機銃掃射のあと火を放たれて焼死した。(2) 散発的に起こるこれらの殺戮事件は、ソ連領だけにかぎらない。一九四二年と四三年には、ポーランドの小さな共同体《ケヒラー》の多くが同じように根絶やしにされた。一例を挙げると、ポーランド総督府領内のルブリンから南東に行った小さな町ユゼフフが舞台だった。それは一九四二年七月十三日のことで、ドイツ警察予備役の第一〇一大隊によって引き起こされた虐殺である。参加した警官ヴィルヘルム・Gが語る。「最初、狙いを定めて撃ちました。けれども、われわれの一員が高く狙いすぎ、頭蓋骨が破裂し、脳みそや骨がそこいらじゅうに散ってしまった。それで、銃剣の先を後頭部に突き刺せばいいと命令されました」(3) もう一人の銃殺隊員が補足する。「至近距離で撃つと、頭蓋骨全体、少なくとも後頭部を吹き飛ばすような弾道になり、血はもちろんのこと、砕けた骨、脳も辺り一面に散らばって、撃つ方もそれを浴びてしまいます」(4)

（1）ルーマニアは、いくつか最も血なまぐさい殺戮の舞台となる。「頼むから、諸君、もっと冷酷になってくれたまえ」と一九四一年七月八日、すなわち一万三〇〇〇名が犠牲となった〈ヤシのポグロム〉の一二日後、国家元首のアントネスク元帥は閣僚に向かって言った。

（2）「もはや抑制や恥、意識、目的など失い、だれを敵にしているのかも分からないような野獣性しか残っていない。すべて、あらゆること、何でもが許されているようだ」と一九四二年十月二十日、ユダヤ系ルーマニア人の作家ミハイル・セバスティアンは書き残した。

（3）巻末参考文献【7】、九〇頁。

（4）巻末参考文献【7】、九〇〜九一頁。

■ 殺戮施設

▲▲▲ 1941年6月22日時点の枢軸国軍の戦線

➡ アインザッツグルッペンの活動地域

地図1　ドイツ占領下のポーランドとソ連
（1941～1944年）――地図で見るユダヤ人ジェノサイド

ユゼフフでは、大隊長が命令不服従の例外を許したところ、五〇〇人のうち一二人ほどが殺戮に加担するのを拒否した。このような不服従はどこを見てもまれであり、ほとんどないが、この例では罰則が科されなかった。「……わたしが拒否したのは、無力の人間を撃てなかったし、殺人者になりたくなかったからです。……銃殺隊に加わらなかったという理由で、その後の制裁もまったくありませんでした」[1]

(1) 多くの証言の一つであり、一九四一年ソ連領になっていたフルビェシュフでユダヤ人の処刑について機動警察の第二分遣隊第三中隊員が語った。巻末参考文献【6】、七二頁。

殺戮者の一人は「ユダヤ人狩り」と言ったが、それは一九四二年、四三年と続けられ「日常茶飯事」になっていたという。[1] ドイツ正規軍は、殺戮を傍観するだけでなく、たとえばセルビアやベラルーシ、ソ連、ウクライナ、バルト三国などの地で見られたように、積極的に協力をする例が頻繁にあった。「ドイツ国防軍《ヴェールマハト》の連中がわれわれ銃殺隊の手から武器をとり、代わりに撃つようなことも目にしました」[2]
（アインザッツグルッペン4a隊の一員エーリヒ・ハイトボルンの証言）

(1) 巻末参考文献【6】、一六九頁。
(2) 巻末参考文献【6】、一一六頁。

一九三九年秋のポーランドでの殺戮を目撃したヴェールマハトの司令官は、躊躇するというより、むしろ自分の体面に傷がつくこと、軍紀が乱れることを恐れていたようだが、四一年夏になるとそんな戸惑いなどまったく忘れ、ソ連人捕虜の殺戮（四一年秋には毎日六〇〇〇名以上）とユダヤ人ジェノサイドを承認する。彼らの態度の変化は、四〇年六月の対フランス戦勝利による高揚感のほか、ナチ党員のドイツ生存圏《レーベンスラウム》という概念およびスラブ民族についての人種観に共鳴したからである。四一年六月末から翌年一月までの時期、アインザッツグルッペンの作戦には武装親衛隊《ヴァッフェンSS》が加わったほか、クルト・ダリューゲ率いる〈秩序警察《オルポ》（四分の三はナチ党員）〉の参加の影響は大きく、八〇万人を殺戮している。四二年末までの結果を見ると。アインザッツグルッペンによるユダヤ人殺戮は一三〇万人を数える。

正規軍を筆頭に、証人が大勢いることが厄介な問題になりつつあった。殺人者たちはどうかというと、任務を引きつづき遂行するため酔いつぶれていた者が多かったが、他言してしまうかもしれない。大量殺戮の作業をもっと迅速かつ目立たぬよう、そして兵士たちの士気を沮喪させぬようにしなければならないと、一九四一年八月十五日ごろミンスクを視察中のヒムラーは判断する。[1] そういう成り行きから、かつて精神病者の殺害に用いたガス・トラックを実験するというアイデアが浮上した。

（1）この視察の際、ヒムラーはB部隊の指揮官ナーベに「より人間的な」処刑方法（アインザッツグルッペン隊員にとって）を検討するよう命じた……。

殺戮者たちの観点からすれば、計画は成功を収めることになる。それは、正規軍の協力のおかげであり、ときにはドイツ人の助手を務める住民たち（ことにバルト諸国およびウクライナ）の協力的な態度のおかげであり、そして長いことソ連の報道規制によってナチの本性をまったく知らされておらず、最後にはだれからも見捨てられるユダヤ住民、それら女と子供、高齢者たちの無力さのおかげであった。

Ⅳ　ジェノサイド[1]を決断？

殺戮が凶暴さを増していくなか[2]、ドイツはヨーロッパ大陸を封鎖のうえ、域内に住む全ユダヤ人に対する大量殺戮の政策を実行に移した。これはヒトラー自身の決断であり、おそらく口頭でなされたのだろうが、内務大臣ゲーリングがアイヒマンに作成させ、RSHAの指揮官ハイドリヒに宛てた一九四一年七月三十一日付けの文書に残されている。「……本状にて貴官に以下の任務を命ずる。欧州のドイツ影響下にある地域におけるユダヤ人問題の完全解決を図るため、その準備に必要となるすべての措置、すなわち組織化、計画の推進、物資の確保を実行に移すこと……」翌日の八月一日、ヒムラーは次の指令をアインザッツグルッペンの各指揮官に向けて発した。「以下は親衛隊全国指導者（RFSS）からの実践的な指令である。すべてのユダヤ人男子は銃殺しなければならない。ユダヤ人女子については、沼沢地に追いやること」

（1）この表現は戦争末期から使われはじめた。
（2）一九四一年九月十五日、ベルドィーチウ（ウクライナ）、一万二〇〇〇～二万名。
一九四一年九月二十九～三十日、バビ・ヤール（ウクライナ）、三万三〇〇〇名。

一九四一年十月末、オデッサ（ウクライナ）、五万名以上のユダヤ人がルーマニア人とドイツ人に殺された。

一九四一年十一月七日、ミンスク（ソ連）、一万三〇〇〇名。

一九四一年十二月二十一〜二十四日、ボグダノフカ（ウクライナ）、四万人がルーマニア人によって殺された。

ソヴィエトとの戦争は数か月で終結するものと考えられており、ドイツ国防軍はそれが九月半ばになると見ていた。四一年八月初旬になるとその見通しも危うくなっていた。というのは、八月十五日にモスクワに到達していることも、またヒトラーが望んで予告していたように十月一日に戦争を終えていることも、まったく不可能になっていたからである。この一九四一年八月から九月にかけて、ヒトラーは一九一八年の敗北の苦い記憶を反芻していたにちがいない。

おそらく四一年の十月末から一か月のあいだに、汎ゲルマン主義が内在する包囲されることへの恐怖心もあって、敗戦の不安に襲われたヒトラーは（四一年十一月末の時点で、六月に投入された兵員の五〇パーセント以上が、同じく五〇パーセントもの装甲車両と同様に、戦闘不能状態に陥っていった）、ヨーロッパのユダヤ人を大量殺戮する決断を下すのである。[1] 四一年十月中旬から十二月中旬までの時期、ヒトラーは七回もユダヤ人絶滅について言及している。十一月五日には、「われわれはユダヤ人なしでも生きられる。彼らはわれわれなしには生きられない」とヒムラーに言明した。東方戦線は、以前からの政策を実施に移す機会であった。四一年八月中旬以降のアインザッツグルッペンの行動に見える変化は、ヒトラーの決断の思想的・戦略的な原点を窺わせる。四一年六月二十二日と八月十五日の二か月間弱で、アインザッツグルッペンはおよそ五万名、つまり一か月に二万五〇〇〇名も殺戮したことになる。しかし同年八月半ばから十二月中旬までで、その数字は四五万名の犠牲者、ということは月に一一万名を超える。八月に大変換が起こり、たとえばアインザッツグルッペン第三隊は四一年七月に四三三九名（うち一三五名の女性）を処刑、そして九月になると五万六四五九名（女性は二万六二四三名、子供一万五一一二名）も殺しているのだ。東部戦線における電撃戦《ブリッツクリーク》失敗のツケをユダヤ人が支払ったということか。ジェノサイドにつながる決断の課程で、ほかにも二つの転機が挙げられる。第一は四一年八月初旬で、ソ連邦の全ユダヤ人殺戮の決定である。第二は、おそらく四一年秋と推定されるが、欧州大陸の全ユダヤ人を抹殺するというものだ。事実、四一年九月半ばから十一月末にかけて、ヨーロッパ大陸のユダヤ人は罠にはまりつつあった。十月二十三日、（ドイツ国内のみならず）欧州全域のユダヤ人に対して国外移住が禁じられた。同月末になると、ポーランドのベウジェツにユダヤ人の処刑施設建設と、アウシュヴィッツ＝ビルケナウ収容所の拡張工事が始まる。四一年十一月十八日、ローゼンベルク（ナチス政権閣僚）は記者会見を開き、「〈ユダヤ人問題〉の解決には、ヨーロッパにおける全ユダヤ人の生物学的駆逐」という方法がとられよう、とオフレコながら明言した。その一一日後、ハイドリヒは四一年十二月九日に開催予定の〈ヴァンゼー会議[2]〉への召集状を送付した。大量殺戮に向かっての一連手続きは、ここに来てついに官僚機構のなかに組みこまれる。ヒムラーが従来と異なる殺戮方法を考えるよう親衛隊に命じたのは、四一年八月中旬である。そして九月五日と六日、アウシュヴィッツ収容所で捕虜のソ連兵がツィクロン・Bガスによって殺された。同じ九月、アインザッツグルッペンに〈移動ガス室（ガス・ヴァーゲン、つまりガス・トラックのこと）〉が配備された。四一年十一月になってやっとハイドリヒは、ルブリン地区のベウジェツ収容所に固定ガス室を備えた殺戮施設と、第二施設、こちらは移動ガス室を用いるものをウッチに近いヘウムノで建設中である旨、親衛隊少将グロボクニクに洩らした。十二月七日からそこで開始されるウッチ・

ゲットーのユダヤ人殺戮は、ドイツ本国から送られてくるユダヤ人のために収容スペースを確保するためであった。十二月になると、殺人要員として配置された者たちの人数は六月二十二日時点の一一倍となっていた。

（1）一九四一年七月二十六日、ヒトラーは新たな指令プロパガンダを発表した。「民衆は知らなければならない。ドイツはその純血を存続させるために戦っており、われわれドイツ国民は、完全に消滅するか、あるいは世界を支配するかの選択しなければならないのだ」

（2）「わたしたちはあの予言が実現しつつある場面に立ち会っている」ゲッベルス、一九四一年十一月十六日付け『Das Reich（帝国）』紙。

「世界戦争が目前に迫っているが、ユダヤ人の破滅はその回避しがたい結果である」ゲッベルスの日記、一九四一年十二月十二日。

「われわれはユダヤ人との決着をつけなければならない。それをはっきり言っておきたい……いたるところで出会うユダヤ人は殺さねばならないのだ」ハンス・フランク、ポーランド総督府の責任者たちへの演説、一九四一年十二月十六日。

ヨーロッパのユダヤ人の運命は、おそらく三九年九月のドイツによるポーランド侵攻の時点で決まってしまったにちがいない。それがソ連への侵攻で確実になった。遠隔地で行なわれていて時間もかかったジェノサイドが、今や即時その場でのジェノサイドにとって代わる。ユダヤ人を殺すことで一九一八年の〈背後からの一突き〉〔第一次大戦の敗因を、国内ユダヤ人の裏切りのせいだとするナチス党員らが信じた陰謀伝説のこと〕の轍を踏まぬようしなければならない。ユダヤ人を海外移住させる可能性がなくなったのは仕方ないとして、このまま幸運に恵まれるなら、ヨーロッパのほぼ全ユダヤ人を統制でき、ようやく抹殺の機会が訪れるのだから、そこで問題の決着をつければよいのである。

一九三九年から四一年までのあいだ、ドイツにおける人種政策は飛躍を重ねながら先鋭化した。それら一連の決定を導いたのは戦争である。機能主義〔ショアーに関する歴史的立場の一つ。ナチスは意図的にユダヤ人殺戮を行なったのではなく、激動の状況のなかで犯罪行為がエスカレートしていったとする見方〕を主張する歴史家は、ナチズムのみならず、もっと広く十九世紀後半のドイツ民族《フェルキッシュ》主義をはじめ、社会進化論や優生学、「生物学的」反ユダヤ主義、人種差別が織りなす一種混沌とした知識体系を生みだした思想背景を過小評価している。意図主義者〔機能主義とは反対に、ヒトラーのユダヤ人根絶の意図を重視する〕の主張はといえば、現実のなかでのダイナミズムをよく見ていないし、すでに一九三九年九月の時点で、戦争がナチス・ドイツの対ユダヤ人政策を急変させる要因となったこともさほど認識していない。

V　大量殺人の手本――T4《テーフィア》作戦

十九世紀と二十世紀の変わり目、ヨーロッパは人類の一部を寄生虫のレベルにおとしめるという知的論理を編みだした。この知的革新が、排斥のいわゆる生物学的体系化に願ってもない土壌を提供したのである。

優生学というのは、それが積極的優生学にせよ消極的なそれにせよ、人類の退化という強迫観念にとらわれている。それが問題にすることは、十九世紀後半の知識人たちを刺激してやまなかった「社会問題」

と切り離せない。民衆や大衆運動に恐れを抱いた結果、優生学は階級を人種という面で考え、社会問題を生物学のそれに転換してしまった。近代のいわゆる生物学的な人種差別および反ユダヤ主義は、前述の混血による退化、つまり頽廃への恐れに直結している。

それらの研究は直接的にドイツの法学者ビンディングと精神科医ホッヘに影響を与え、一九二〇年ライプツィヒにて、両者それぞれが著した冊子を『Freigabe der Vernichtung Lebensunwerten Lebens（生きるに値しない生命の破壊を許すこと）』という一冊にまとめて刊行した。一九二二年、精神病者を絶命させる法案が刑法専門誌に掲載された。その一一年後、ナチス党が政権を掌握する。彼らナチ党員は、長年の期待を法制化によってはっきりと形にしたうえ、寄せ集めにはちがいないが、ドイツの科学者たちのあいだ、とりわけ医学界に根強かった優性主義的な思想を一つにまとめ上げたのである。

優生学への関心は、その根を第一次大戦敗戦の精神的ショックに探ることもできよう。よく言われたのが、国のエリートたちは殺されてしまったのに、「役立たず」と戦争忌避者たちは保護され治療も受けられたという俗説である。ナチスが政権を握る以前にも、「間引き」肯定説などがドイツ社会に浸透していた。公に反論したのはカトリック教会だけだったが、それは不妊手術関連の政策についてであった。[1]

（1）ピウス十一世は、一九三〇年十二月三十日の教皇回勅《カスティ・コンヌビイ（貞節なる結婚生活）》にて不妊措置を禁じた。

一九三三年に入って、プロパガンダ映画がつぎのような考えをくり返し訴えるようになる。「憐れみの心」をもって、「生きるに値しない」生命を終わらせてあげよう、と。思想教育は学校においても実施された。[1] 一九三四年以降、精神病棟への食料配給は漸次減らされ、だがヒトラーは、「無益な生命」を整理するのは戦争を待ってから行なうよう、ライヒ医師指導者のヴァーグナーに命じる。

（1）一九三五年の小学年用の算数教科書『ドルナー』には以下の問題が載っている。「精神病院を建設するためには六〇〇万マルクが必要です。ではそのお金があれば、一万五〇〇〇マルクの住宅を何軒建てられるでしょうか？」

三九年五月、〈遺伝性・先天性重病の医療登録に関する国家委員会〉が発足した。同年八月から、助産婦と医師、看護師は奇形児出産を届け出ることが義務づけられ（内務省通達）、それらの嬰児は特殊施設に集められ、モルヒネ・スコポラミン注射による薬殺、あるいは栄養失調による死を待つ。一日あたり一〇〇〇キロカロリー以下という「空腹の処方」は、一九四二年から南ドイツのバイエルン地方で導入されたもので、死に至るまで三か月を要した。三九年十月九日、精神病者の実態調査・登録が開始される。〈T4作戦〉[1]は、まず一九三九年十一月に占領下のポーランドで始まった。地域内の全施設収容人数の二〇パーセント、すなわち六万五〇〇〇ベッドを空けろとの指令が下った。以後、域内の精神病院はドイツの保険局が管理することになる。三九年九月二十七日、コッボロヴォ（北ポーランドの町、ドイツ名コンラードシュタイン）にて親衛隊による精神病者の殺害が始まる。翌十月には東プロイセンのノイシュタットにて、同地域およびポーランドのバルト海沿岸ポメラニア地方から集められた精神病者の殺害の第二波が実行に移される。ポーランド総督府領における〈T4作戦〉の指揮は国家保険局の医師長コンティ博士が行なうことになり、領内の施設に収容されている精神病者全員をガスで、後には「空腹の処

郵　便　は　が　き

おそれいりますが切手をおはりください。

101-0052

東京都千代田区神田小川町3-24

白　水　社　行

購読申込書

■ご注文の書籍はご指定の書店にお届けします．なお，直送をご希望の場合は冊数に関係なく送料300円をご負担願います．

書　名	本体価格	部　数

★価格は税抜きです

(ふりがな)

お　名　前　　　　(Tel.　　　　)

ご　住　所　(〒　　　　)

ご指定書店名（必ずご記入ください） Tel.	取次	（この欄は小社で記入いたします）

『Q982 ショアーの歴史』について (50982)

■その他小社出版物についてのご意見・ご感想もお書きください。

■あなたのコメントを広告やホームページ等で紹介してもよろしいですか？
1. はい（お名前は掲載しません。紹介させていただいた方には粗品を進呈します） 2. いいえ

ご住所	〒 電話（ ）		
（ふりがな） お名前	（ 歳） 1. 男 2. 女		
ご職業または学校名		お求めの書店名	

■この本を何でお知りになりましたか？
1. 新聞広告（朝日・毎日・読売・日経・他〈 〉）
2. 雑誌広告（雑誌名 ）
3. 書評（新聞または雑誌名 ） 4.《白水社の本棚》を見て
5. 店頭で見て 6. 白水社のホームページを見て 7. その他（ ）

■お買い求めの動機は？
1. 著者・翻訳者に関心があるので 2. タイトルに引かれて 3. 帯の文章を読んで
4. 広告を見て 5. 装丁が良かったので 6. その他（ ）

■出版案内ご入用の方はご希望のものに印をおつけください。
1. 白水社ブックカタログ 2. 新書カタログ 3. 辞典・語学書カタログ
4. パブリッシャーズ・レビュー《白水社の本棚》（新刊案内／1・4・7・10月刊）

※ご記入いただいた個人情報は、ご希望のあった目録などの送付、また今後の本作りの参考にさせていただく以外の目的で使用することはありません。なお書店を指定して書籍を注文された場合は、お名前・ご住所・お電話番号をご指定書店に連絡させていただきます。

方」にて根絶する指令が出された。ポーランドでこれらの「実験」が進められているあいだに、ドイツ本国でも精神病者の大量殺害が始まる。三人の医師がそれを担当した。ヒトラー側近たちの医師ブラント博士、総統事務局長官のボウラー博士、そして内務省における精神病の権威リンデン博士である。

（1）ベルリンのティーアガルテン通り四番地に作戦本部が設置されたことから、このコードネームとなった。

ヒトラーは、一九三九年十月（ヨーロッパ大戦の始まった九月一日に発令日を遡及させた）、精神病者やてんかん患者など「廃疾者」に「慈悲深い死」を与えるようにとの指示書を、ブラントとボウラー両医師に宛てた。そのための法律改正は行なわれていないが、三五〇人ちかい医師が直接計画に関わっているほか、二〇〇名ほどの自治体首長や公務員も一九四〇年四月三日にベルリンで開かれた会議で作戦内容を伝えられた。

作戦にはカムフラージュが施される。責任者たちは偽名を用い、殺人が実施される場所もコード名で呼ばれた。「安楽死」施設は六か所で、[1]ドイツとオーストリアに分散されており、そこに「精神病者や重症障害者、性格異常者、寝たきり老人、社会的逸脱者、先天性疾病および遺伝性疾患を持つ者」が集められた。一酸化炭素ガスのボンベは〈IG・ファルベン〉社が供給する。専門要員が採用され、またライヒの最高司法関係者も四一年四月二十三、二十四日にベルリンで開かれた会議で全容を知らされた。法務関係者のだれからも作戦への反対意見は出ず、作戦への参加を拒んだ幾人かの医師たちも懲罰の対象とはならなかった。

（1）グラフェネック（コードはA）、ブランデブルク・アン・デア・ハーフェル（同B）、ハルトハイム（C）、ゾンネンシュタイン（D）、ハダマール（E）、ベルンブルク（F）である。

〈T４作戦〉の専門医師三人（二人をのぞき、精神医ではない）は各患者を診察し、そのたびに決まった書式を記入しなければならない。それがすむと、こんどは「安楽死」施設にその患者を送りこむか否かを決める。四〇年一月から四一年八月までの時期、「空腹の処方」の犠牲となった数千人の嬰児とはべつに、ドイツ軍の記録によれば、七万一〇〇〇人の成人が親衛隊の指揮下、これら医療集団によりシャワー室に偽装されたガス室で殺された。死体は集められたあと焼却され、何体も混ざりあった灰は、死亡通知（肺炎、心臓発作……など）をすでに受けとっている遺族が希望すれば配られた。

しかし、国家機密もどこからか洩れてしまい、抗議、ことに四一年八月、ミュンスター司教ガレンが非難の声をあげた(1)。対ソ戦が正念場を迎えており、反対勢力の結集を危険と見たヒトラーは、すでに処分すべき廃疾者数が目標に達していたこともあって、一九四一年八月二十四日をもって正式に〈T４作戦〉の続行を断念する。

（1）ガレン司教が「安楽死」に対する三度目にして最後の説教を述べたのは八月三日。留意すべきは、同じ時期、アインザッツグルッペンは隠蔽する意図などまるでないかのように、ソ連のユダヤ人を何千となく銃殺していた。

実際には、それに代わって一九四一年四月からすでに〈14 f 13作戦〉が始まっていた。これはライヒならびに、もっと多くは占領地域にあった強制収容所内の、働けない囚人を殺すという作戦である。そして戦争終結に至るまで、前述よりももっと目立たぬ方法（致死量薬物の注射か投与、あるいは栄養失調による死）で、精神病者などの殺害が精神病院や社会福祉施設、養老院にて継続される。

〈T4作戦〉は、大量殺戮の精神面、技術面の母胎である。「安楽死」と「ユダヤ人問題」とは時系列的につながる。どちらも同じ生物学的な論理を持つ。すでに三九年九月のポーランドで行なわれていたガス殺人(1)は、ドイツにおける〈T4作戦〉殺人方式に、そのあと四一年十二月にもユダヤ民族大量虐殺にも用いられる。時を遡って一九四〇年のゲットー制度、そしてそこで実施された「空腹の処方」は、子供大人を問わずに用いられる新しい〈T4作戦〉として、殺人方法の原型となった。四二年春、ナチス・ドイツは〈ラインハルト作戦（後述）〉の責任者グロボクニクに〈T4作戦〉の技術要員を提供したが、その代表的な人物には親衛隊の大尉クリスツィアン・ヴィルトがいた。後にトレブリンカ、ソビボル、ベウジェツ各絶滅収容所の司令塔となって活躍する男である。

(1) ルーツはもっと古く、ドイツは一九一五年、大量殺戮を狙って、史上初の近代化学兵器となる戦闘用毒ガスを実戦で使用した。

強制収容所での拘束とジェノサイドは、生物学的言辞を弄する全体主義思想、つまり生命の完全なる政治的支配の欲求にその根本が見つけられよう。〈T4作戦〉は、生権力《バイオ・パワー》(1)の到来を犯罪的なまでに浮かび上がらせる。ユダヤ人ジェノサイド、つまり生物学的犯罪かつ国家の犯罪は、それをルーツにしているのである。

(1) ミシェル・フーコーが提起した考え。昔の君主が臣民に対し生殺与奪権を持っていたのを死の権利とし、逆に近・現代では個人の死を問題にせず、統計とか人口、公衆衛生、優生学、つまり生を管理しようとする巧妙かつ悪質な権力がとって代わったとする考え方〔訳注〕。

第四章　最終的解決

I　計画的な大量殺戮

1　メカニズムの構築――ヴァンゼー会議（一九四二年一月二十日）

大量殺戮は発案された後も、組織化とその準備が必要である。ヴァンセー会議の目的はそれであり、当初は一九四一年の九月十二日に開催の予定だった。（毒ガスによる殺人がすでに前年十二月七日からヘウムノ絶滅収容所で開始されていたが）アメリカの参戦で開催が遅れたのである。欠席したヒムラーの代理としてハイドリヒが一五名ほど参加する会議をとりしきり、その一人アイヒマンによる議事録が公式の議定書として残された。会議では、「絶滅」の技術的問題、対象者の特定から連行、強制収容所への移送、「排出」と符丁で呼ばれる殺害方法までが討議された。

ナチス高官は革新的でなければならない。トルコ人によるアルメニア人のジェノサイドは、まさにそういった意味で、悪い標本とされた。とはいえナチス高官にとって救いだったのは、一九三三年以来それまでばらばらに機能していた三分野、すなわち財産没収した後の強制移住、三三年から実施されていた強制収容所制度、そしておもに一九三三年から四一年に「精神病院の患者たち」を対象とした殺害に関し、経験の蓄積があったことである。ヴァンゼーで討議される〈最終的解決〉問題は、それら三分野を一つにまとめることだった。犯罪を一九三三年から国家の方針としてきた経験をもとに、ナチス・ドイツは唯一の目的しか待たぬ施設内で一民族全体を滅ぼす作業に取りかかる。

ハイドリヒが署名したヴァンゼー会議の最終議定書は「今後、移住とは異なるもう一つの可能性が問題の解決法となろう。東方へのユダヤ人の移送、これは総統の了承を得て議決（……）。ヨーロッパにおけるユダヤ人問題の最終解決は一一〇〇万人をその適用対象とする（……）。問題を最終的に解決する枠組みのなかで、東方に護送されたユダヤ人はそこで労働に就くものとする（……）。言うまでもないが、大多数は身体の不全状態によってごく自然に排除されるであろう。結果的に残って生存した者については——最も強靱な分子と見るべきだが——それなりの対応が必要となる。実際、これまでの経験から学ぶと、このような先天性エリートは、自由になったとたんに新たなユダヤ人復興の芽となるのである。最終的解決の具体的な一般化には、ヨーロッパ大陸の西から東に向かってユダヤ人を一掃し……」と記す。

会議は、絶滅させる意図での大量移住を、まずライヒから始めて保護領と、つぎにポーランド総督府領、そして最終的にはヨーロッパ大陸を西から東に向かってとりこぼしなきよう掃き清めることを計画していた。[1] 新規創設の行政機関はひとつもなく、特別予算もまったく立てられなかった。一般の役所・公社、たとえばドイツ国鉄《ライヒスバーン》だが、すでに略奪と収奪の犠牲者となっているユダヤ人共同体がその最大出資元であるにもかかわらず、彼らを殺戮する一端を担うようになる。一般官僚組織の隅々にまで、大量殺戮のメカニズムが浸透していった。大量殺戮の方針とドイツ社会はたがいに親和したのである。公式には〈ユダヤ人問題〉課は、国家保安本部(RSHA)に七つある局の一つの下部組織にすぎない。実際には、〈ユダヤ人問題〉課、つまり第四局B4課は急速にその重要性を増し、弾圧組織内でも他部課を圧倒するまでになった。

(1) 会議はまた、六十五歳以上の男性で第一次大戦を戦ったユダヤ系ドイツ人やミシュリンゲ(混血)、「アーリア人」と結婚しているユダヤ人、それとドイツ経済にとって死活的重要産業で働く者たちを「特例」と認めた。

〈最終的解決〉を討議するための会議がその後も、一九四二年三月[1]および十月の二回にわたって開かれる。

(1) 一九四二年三月六日にベルリンのRSHA本部内で開かれ、各問題の実施期日、ことにユダヤ人とのミシュリンゲの断種手術をいつ実施するかが決定される。

2 計画の具体化——対象者の特定、財産没収、抑留

ユダヤ民族破壊のための官僚主義的なプロセスには四段階があった。犠牲者の特定、財産を奪う、行動の自由を制限、そして最後に強制収容所への輸送である。

西ヨーロッパには東でのようにゲットーを設けることができなかったため、ナチス・ドイツは各地

の行政当局に対し、ユダヤ系住民の実態調査をするよう命じた。この第一歩は、つぎに来る一斉検挙、一九四二年の大量殺戮施設への強制移送を待つあいだ、通過収容所に集団勾留しておくための序曲だった。

オランダでの例を挙げるなら、ユダヤ人口の調査が一九四一年一月に実施されたあと、身分証明書に特別スタンプを押すのが同年七月、黄色いダビデの星着用を強制するのが四二年五月、その翌月、当制度がヨーロッパ大陸全体に拡大される。その後の逮捕や一斉検挙のせいで南オランダのフュフトや、とりわけ北のヴェステルボルクの通過収容所がいっぱいになった。同じことがほかの地、たとえばルクセンブルクやノルウェー、また四〇年十月に人口調査がすでに行なわれていたベルギーでもくり返される。

ユダヤ人口の実態調査とリスト作成に併行し、ユダヤ人共同体《ケヒラー》の公共資産ならびに個人資産の申告が義務づけられる。これが「アーリア化」と名づけられる財産没収の第一歩であった。間もなく、「アーリア人」取締役がユダヤ人企業を牛耳るようになる。ユダヤ人の保有資産を奪取してドイツ本国に送るための綿密な計画が実行に移される。ポーランドでは、無数あるケヒラーがどれも貧しかったため、収奪は従順な労働力、すなわち強制労働という形で行なわれ、そのためにユーデンラートは奴隷リストを提出しなければならなくなった。それに反し、数こそ少ないがもっと裕福な共同体のある西ヨーロッパでは、略奪は資産没収という形で始められた。ナチはじかにユダヤ人資産に手をつけた（ベルギーおよびオランダ）が、もし可能ならば現地の仲介者を立てる方法を好んだ（フランスにおけるヴィシー政権）。占領下の全域で凍結資産を売却、こうしてアーリア化（現金化）してからドイツ本国に送った。

収奪はどんな場合にも法的根拠が与えられていた。新しい法律が銀行口座の凍結、アパート・家具の押収、企業の差し押さえ、遺言状の条文を無効にするのを可能とするのだ。ドイツにおいては、強制収容所に送られる際、一人あたり一〇〇マルク以上の現金および五〇キログラム以上の荷物は没収となった。このような略奪はガス室の戸口でもまだ続く。個人の持ち物は〈カナダ棟〉と捕囚たちが呼ぶ倉庫に積み上げられ、死体の歯から採取した金などとともに、大量殺戮にかかる費用、たとえばライヒスバーン[1]が四〇〇人以上だと団体割引をして請求する輸送費などの支払いに充てられた。

（1）ドイツ国鉄内で〈特別列車〉を扱う一部署が、ドイツ人学童の夏季旅行とユダヤ人の移送の両方を管轄していた。

3　強制収容所への移送

強制収容所への大量移送は一九四二年に始まった。遂行手順の迅速性と同時性[1]は、一九四二年七月半ばの十一日間を例にとっても驚くばかりである。ギリシアのテッサロニキに住む十八歳から四十五歳までのユダヤ人を強制収容所に移送せよとの命令が七月十一日に下った。十六日と十七日、パリでは〈ヴェルディヴ事件〉として名高い大規模なユダヤ人狩りがあった。十七日と十八日の両日、アウシュヴィッツ収容所を視察中の親衛隊全国指導者ヒムラーは、ビルケナウ収容所の拡張（後述）を指示。そして七月二十二日、ワルシャワ・ゲットー抑留民の収容所への移送と即時殺害が開始された。国家保安本部（RSHA）と〈文官しかいない〉運輸省は一致協力して収容所への移送列車を手配し、それは一九四五年初頭まですべての列車に優先された。移動を速めるため、「特別列車」に仕分けされた収容所便はときに軍用列車として扱われることもあるが、ほかの面での特別扱いはなく、ふつうの列車と変わるところはなかった。四一年秋から四五年春までの時期、ポーランドおよびソ連に住むユダヤ人(殺された人数はショアー犠牲者総数の三分の二)を「排出」するため、ドイツは七一〇本の列車を動員したが、うち二六〇本はドイツとオーストリア、チェコからのユダヤ人である。(2)

(1) スロヴァキアのユダヤ人を乗せた最初の列車が出発したのは一九四二年三月二十六日で、翌二十七日、フランスのユダヤ人を乗せた列車が出た。同年夏の大移送にもその同時性が見られる。オランダが七月十五日、フランスが七月十七日、ベルギーが七月二十七日といったように。

(2) 一四七本の列車がハンガリーから、一〇一本がオランダ、七九本がフランス、スロヴァキアから六三本、ベルギーからは二七本の列車が出た。

最大四〇名しか乗れないほぼ密閉状態の貨物列車に一〇〇名ないし一二〇名が押し込まれ、空気がほとんど入らず、水、食料もわずかしか与えられずに冬は凍てつき、夏は炎天下で停車することもあり、六〇度まで温度が上がる。ポーランドに到着する前に、もう大量殺戮は開始されていたのである。ヨーロッパ全土、西はベルギー、オランダ、フランスと、中央部からは最初の列車を出したライヒ、チェコスロヴァキア、ユーゴスラヴィア、とくにハンガリーから、南はギリシアからそれらの列車が殺人施設めがけて進んだ。三〇〇万近いユダヤ人がこうして輸送され、その「旅」は二日から一二日かかった。

多くの場合(たとえばワルシャワ)、強制移送はむごたらしい状況のなかで進められた。ナチ協力者《ヒヴィ》(1)と警官が犠牲者を貨車に追い込む。警備兵の一人が証言する「順調に進まなければ、われわれは鞭と銃を使用します。とにかく乗せる作業というのは、目も当てられません。あの哀れな連中がありったけの声を出して騒ぎます。というのは、一〇両とか二〇両の貨車に一斉に乗せようとしますから……。乗せ終わると、扉を閉めてかんぬきをかけます[2]」一九四二年九月十四日付けの報告書で、ルヴフ（レンベルク）のある警部は同月七日に四八〇〇名のユダヤ人を乗せた件について書いているが、一両の貨車に一八〇名から二〇〇名押し込んだと述べている。いくつか逃亡事件が発生したので、貨車の小窓まですべてふさいだ。その後、九月十日の列車編成はもっと長くなり、八二〇五名を乗せた。「貨車に乗せるときのひどい暑さと、降ろすとき――二〇〇〇名が輸送中に死んでいた――のすさまじいにおいのせいで、ユダヤ人たちがパニック状態になり、収容所構内まで誘導するのがほとんど不可能に思われた[3]」

（1）ヒルフスヴィリッゲ（志願者）を略して〈ヒヴィ〉、ルブリン近郊のトラヴニキ村の親衛隊収容所で訓練を受けた者たちは〈トラヴニキ〉とも呼ばれた。元ウクライナあるいはラトビア、リトアニア軍の兵士でドイツ軍の捕虜となり、志願してナチ協力者になった。徹底した反ロシア、反共産主義、反ユダヤ主義者が多い。
（2）巻末参考文献【7】、一二八頁。
（3）巻末参考文献【7】、四八～五三頁。

憔悴と渇き、恐怖に加え、親衛隊がそうあるよう期待したように、恐ろしい速さでくり広げられる眼前の出来事に圧倒されて、移送される人びとはまったく反応できずにいた。到着して一時間もしないで停車場にはだれもいなくなる。家族がばらばらにされ、正常な世界が壊れてしまっていた。「あの悪夢のなかでさえ、だれひとり三、四時間後に自分が灰になっているなどとは想像もしていませんでした」と、アウシュヴィッツ絶滅収容所の特殊部隊《ゾンダーコマンド》〔ガス殺や死体処理を担う作業員、いずれは自分たちも殺される。ほとんどがユダヤ人〕の生き残りフィリップ・ミュラーは語った（クロード・ランズマン監督『ショアー』

一九八五年）。

多数の疲れて動けない者、瀕死状態の者は、共同墓穴まで運ばれ殺された。就労に「選抜」された者にとって、最初の夜は眠れない。ある者は首をくくり、ある者は隠し持っていた青酸カリを呑んで自殺する。

Ⅱ　殺人施設

1　ラインハルト作戦

アインザッツグルッペンの手になる殺戮は、効率面でも信頼性においても欠点が多く、ヨーロッパ全土に普及させられるものではなかった。大量に殺す必要はあるが、ヒムラーが一九四一年八月に殺戮現場を視察[1]して直ちに理解したように、より速やか、より目立たぬようにしなければならなかったのだ。〈T4作戦〉が手本になるだろう。そういった観点から、すでに四一年秋、ドイツ人はウッチに近いヘウムノ絶滅収容所にてガス・トラックを稼働させる。各トラックは六〇名から七〇名の犠牲者を殺戮することが可能である。これらのガス・トラックは、ドイツの〈ディアモント〉社、〈オペル・ブリッツ〉社、そしてスイスの〈ザウラー〉社が製造した。親衛隊特注のトラックは、ディーゼルエンジンが排気する一酸化炭素ガスをトラック後部のガス室に送りこむよう工場にて変更が加えられた。

(1)「悲鳴がますます狂乱状態になっていきました。なんて恐ろしい声だったでしょう」(マイケルゾーン夫人の証言、クロード・ランズマン監督『ショアー』)

ある地域の近接地域から集められたユダヤ人は、町からいくらか離れた場所に連れて行かれる。だがあまり辺鄙でも困る。ある程度は設備が必要となるからだ。被害者たちは、もっと東方かドイツでの労働のため再移送されると告げられる。だがその前にシャワーと、お定まりの段取りがあって、脱衣、そして貴重品をとられる。トラックに乗ったとたんにドアが閉まり、真っ暗闇のなかでパニックに襲われる。恐怖、絶望、悲鳴、犠牲者たちはめまいと吐き気を覚える。ディーゼルエンジンの排気ガスによる窒息、トラックはたいてい停まったままだった。殺戮が終わって静寂が訪れるとトラックは走りだし、近くの森のなかのあらかじめ掘られた共同墓穴に向かう。そこにはゾンダーコマンドのユダヤ人作業員たちが待機していて、トラックの扉を開いて死体を出し、墓穴に埋めていく。

トラックによっては、一日に四回から五回任務を重ねる。しかし、プロセスはまだ満足なものとはいえない。「酒、演説、ガス・トラック、そのぜんぶそろえてやったのに、まだ死刑執行人たちの気分を奮い立たせることはできない(ラウル・ヒルバーグ『ヨーロッパ・ユダヤ人の絶滅』一九九七年、柏書房)」

ヘウムノは〔古い城とその庭園を利用して〕最初に建設された絶滅収容所である。「稼働」しはじめたのは一九四一年十二月八日で、ヴァルテラント帝国大管区のユダヤ人と、そこに移住させられたライヒからのユダヤ人、それにロマなどいわゆるジプシーの殺戮を受けもった。(1) そのために、三台のガス・トラックが用いられた。「わたしは護送されるユダヤ人の列を見ていましたが、あの人たちに対する扱いの残酷さといったらたとえようがありません。あの人たちに水をあげることさえ禁じられていました。いちばん弱っている人、遅れる人を死んでしまうくらい殴りつける。……列が通ったあと、住民は道路に金のアクセサリーだとかの貴重品を拾いに行くのです」と、町の住民クルシュチンスキは戦後になって語った。

（1）少数のポーランド人およびソ連軍捕虜もヘウムノにてガス殺されている。

ユダヤ人たちは死に場所へ連れて行かれるのだと知っていた。トラックのなかで「ある者は吐いて、尿や便だって排泄する。だが、ずっと意識があって、周囲の人たちが苦しんで死んでいくのをかなり長く立ち会っている人間もいるんだ」とゾンダーコマンドの一員[1]が述べる。「……扉を開けると、霧のようなものが出てくる。それが消えれば、われわれは作業を始められる。恐ろしい光景だった。ひどく苦しんだってことが分かる。ある死体はまだ指で鼻をつまんでいるんだ。死体を一人ずつはがしてやらなければならない」

（1）ソ連のロストフでガス・トラック作戦の補助要員だった人物。巻末参考文献【6】、六八頁。

ヘウムノ絶滅収容所は一九四一年十二月から翌四二年の九月まで稼働した。ウッチ市のユダヤ人の大多数はヘウムノで殺され、役目を終えた四三年四月、親衛隊がガス殺の関連施設を解体、城を破壊……だが、ふたたびそこに殺戮施設が一九四四年六、七月のあいだだけ設けられる。ウッチ・ゲットーの生き残りを処理する期間である。四五年一月十七、十八日、ドイツ軍によって収容所は破壊され、ユダヤ人のゾンダーコマンド要員も殺された。犠牲者数は二三万五〇〇〇人前後とされる。戦後、たった二人の生存者が見つかった……。

ヘウムノのガス・トラックは、ポーランドのユダヤ人を根絶やしにしようという意志の最初の具体化だった。ヴァンゼー会議にて決められたその計画のコード名は〈ラインハルト作戦〉である。作戦開始は一九四二年三月、オーストリア人の親衛隊少将オディロ・グロボクニクが司令官となり、その副官には元〈T4作戦〉責任者の親衛隊少佐クリスツィアン・ヴィルトが任命された。グロボクニクは秩序警察《オルポ》の三つの大隊（一五〇〇名）を率いるようになるが、それは特殊部隊員《ゾンダーディーンスト》〔その前身は、解体されたドイツ系住民の親ナチス民兵組織〕と、とりわけヒヴィおよびトラヴィニキ〔七六頁、注（1）を参照〕を集めていた。

〈ラインハルト作戦〉によって一九四二年春以降、三つの殺戮施設、ベウジェツ（四二年三月）とソビボル（四二年五月）、トレブリンカ（四二年七月）絶滅収容所が建設された。一五〇万人強、十八か月のあいだにほぼ全員ポーランドからのユダヤ人がそこでガス殺される。[1]〈ラインハルト作戦〉による最初の行動は一九四二年三、四月、ルブリンのユダヤ人に対してであり、彼らはベウジェツ絶滅収容所にて殺される。殺戮の第二波はソビボル絶滅収容所が開いたばかりの五月末、クラクフ地域でくり返された。同じ時期、ドイツとオーストリア、ドイツの保護領、スロヴァキアのユダヤ人が、あらかじめ空にされてあったゲットーに追い込まれる。同年七月から九月のあいだに、ワルシャワとその近郊のユダヤ人共同体は壊滅（後述）し、その状況はラドムならびにキェルツェとて同じであり、彼らが殺されるのはトレブリンカ絶滅収容所においてである。

（1）一九四二年だけで、ユダヤ系ポーランド人の九五パーセントが強制収容所に送られた。

それから一年以上も経た四三年十一月三日から五日にかけ、〈ラインハルト作戦〉は収穫祭エルンテフェストとともに終了するが、〈収穫祭作戦《エルンテフェスト》〉と名づけられたその作戦で、ゾンダーコマンドなどのユダヤ人作業員および労働者四万二〇〇〇名が機銃掃射にて殺害された。[1]

（1）一九四三年十月十四日に起こった〈ソビボル反乱〉が、その時点でまだ殺されていなかったポーランドのユダヤ人の殺戮を早めた可能性は否定できない。犠牲者のうち、マイダネク収容所で殺されたのが一万八〇〇〇人、ポニャトーヴァ強制労働収容所での殺戮は一万五〇〇〇人にのぼる。

ベウジェツでは一九四二年と翌四三年で六〇万ちかい人びとが殺された。ドイツおよびドイツの保護領、ポーランド総督府領のユダヤ人とジプシーである。当初は三室あったガス部屋が、後には六室になって日に五〇〇〇名が殺されるようになる。四三年春、施設は痕跡を残さぬように破壊された。同年七月、進撃中のソ連赤軍が収容所跡を通過するが、まったく気づかなかったという。

ソビボルの「稼働」開始は一九四二年五月七日である。当初、収容所はルブリン地区のユダヤ人を殺すために設けられ、それから四二年十一月より四三年十月まで、オランダをはじめフランス、ベルギー、スロヴァキア、ドイツの保護領、ライヒ、そしてヴィリニュスやミンスクのユダヤ人とロマなどのジプシーが対象となった。所内に五つあるガス部屋で二五万ちかいユダヤ人、その数不詳のソ連軍捕虜が殺された。四三年十月十四日、施設で働かされていたゾンダーコマンドのユダヤ人三〇〇名が反乱を起こす。二〇〇名ちかく殺され、三〇名が生きのびる。収容所は同年十一月以降に解体されたが、ベウジェツと同じように痕跡を消すための植林によって松林となった。

一九四二年七月の段階で、まだワルシャワのゲットーには三八万人のユダヤ人が残っていた。すでに春から、収容所への移送が迫っているといううわさは流れていた。

七月二十二日朝、ドイツ軍司令部はワルシャワ・ゲットーのユダヤ人評議会員を拘束し、チェルニャコフ議長に「評議会の下でユダヤ人共同体運営に携わる者など六〇〇〇名をのぞくユダヤ人全員を東方に移送する。毎日五〇〇〇から七〇〇〇名のペースで集荷駅から出発させる」と告げた。駅はゲットーの外れにあり、そこで移送列車が編成され、北東に一二〇キロメートルほど離れたトレブリンカ絶滅収容所に向かうのである。その日の午後四時、六〇〇〇名が所定の場所、集荷駅に集合していなければならない、ドイツ司令部はそう言いわたした。七月二十三日夜、住民の移送を告知する文書への署名を拒み、チェルニャコフは自殺する。「わが民族の子供たちをこの手で殺すよう要求された。わたしにはもう死しか残されていない」と書き残していた。

一斉検挙と大量移送は、毎日七〇〇〇名というペースで七週間続いた。飢えて衰弱した住民たちは恐れおののいた。ユダヤ人警察は、ドイツ軍に命じられ、自発的に集荷駅に出頭する者には三キロのパンと一キロのジャムを与えるという内容の貼り紙を掲示してまわった。各警官は、自分が直ちに「移住」させられたくないのであれば、毎日七名の同胞を差しださねばならない。子供(児童文学で名高いヤヌシェ・コルチャク孤児院の子たちも)と老人、失業者、すなわち住民の大多数が選ばれていった。少数(八〇〇〇名)

が「アーリア地区」に逃れ、五〇〇〇名が銃撃されて負傷、数千名が問答無用に射殺された。

九月十二日、ありえないこととだれもが思っていたことが現実となっていた。三〇万人ちかい人びとがもうトレブリンカ絶滅収容所に移送され、直ちにガス殺されていたのだ。まだ七万人がゲットー内に残っていたが、その半分は隠れた住民である。その一か月後、ゲットー内の各政治組織間で抵抗運動に向けての合意が生まれた。

一九四二年夏にワルシャワで起こったことは、ポーランド全土にてくり返される。一斉検挙と大量移送[1]がとてつもない凶暴さで進められた。一九四二年八月十九日、ワルシャワ南西二〇キロメートルの郊外町オトヴォツクにて、「最初の被害者は女医のグリクスマノヴァ……。何の不安も感じずに歯科医師免許をウクライナ人警官に見せるため玄関に出た……。笑みさえ浮かべて免許証を見せたとたん、頭に銃弾を撃ちこまれ、即死[2]」

(1) ワルシャワ郊外のオトヴォツク、「無人の道路、空っぽのアパート、破れたガラス窓、開け放たれた扉、無造作に砂で覆った溝から犬に食い荒らされた人骨がときどき目にとまる……。空のアパートにはユダヤ教の古い教典が床に散らばっている、ほかのものはすべて先を争うように売り飛ばされた……。祈りに用いる革製のテフィリン(聖句入れ)は、靴屋が手に入れて長靴にしてしまった」と、元警官のペレホドニクは記した。巻末参考文献【8】、一三三頁。

(2)「ウクライナ人は、好んで若者たち、ことにきれいな娘たちを狙って撃つ。老人や中風患者、身体障害者などは見のがすのだ……。ウクライナ人がもう一人の健康そうな若い女性を銃弾でばらばらにする。弾がなくなり、するとそのウクライナ人はそばに転がっていたスコップをとり、女性の胸のあいだを突いて、身体が二分されるまでやめなかった」巻末参考文献【8】、六八頁。

ワルシャワのユダヤ人のほとんどが、一九四二年までは労働収容所だったトレブリンカで殺されている。絶滅収容所に改修する工事は四二年五月に始まり、ドイツの民間会社がワルシャワ・ゲットーから送られてきたユダヤ人を使役して同年七月に完成させてあった〔第一収容所が強制労働収容所、第二収容所が殺人工場である〕。ワルシャワとビャウィストクをつなぐ鉄道の通るマウキニャ村、その近くに建設された絶滅収容所はこぢんまりとしていた（二〇〇×二五〇メートル）。S字型に曲がった三メートル幅の通路を行くと小枝と有刺鉄線に覆われたレンガ造りの小さな建物があり、そこにシャワー室を装って、ディーゼルエンジンのガスを用いるガス室が設けられた。はじめのころ死骸は深さ七メートルの溝に埋められるだけだったが、四三年春からは焼かれるようになった。収容所の警備員としては、三〇名ほどのドイツ人親衛隊隊員のほか、一〇〇名を超すトラヴニキがいた。殺人工場を稼働させるため、一〇〇〇名以上のユダヤ人作業班《ソンダーコマンド》が徴用されていた。彼らは定期的に入れ替わる。

殺戮手順は、ベウジェツもしくはソビボルのそれと同一である。ウルキニャ村を過ぎると、五〇両から六〇両編成の列車（約七〇〇〇名）はトレブリンカ村の停車場に停まる。それから、汽車に押された二〇両ほどの貨車が屋根に武装親衛隊を乗せてウクライナ人とラトビア人看守、番犬に見張られながら収容所内に入る。親衛隊の将校が待っており、捕囚たちの不安を抑え、警戒心を解かせるために、恒例の演説（勤労のため東方へ向かうので、それに備えて身体を洗ったあと食事をしてもらう……）を打つ。脱衣のあと、捕囚は怒声と殴打に追われて〈抑留者の中庭〉に駆けこむ。まやかしの歓迎はもう必要ないのだ。女と子供たちが一方に、男たちがその反対側に分けられてから、場合によっては二、三日もそこで待たされる。女たちが髪の毛を刈られ、最初に子供たちといっしょにガス殺されているあいだ、男たちは狭い通路で待たされる。死の苦しみは三〇分以上も続く。死体はゾンダーコマンドが出して共同墓穴に投げいれる。死体の歯から金冠をとって、ガス室を清掃するのも彼らの役目である。

貨車は洗われた後、ワルシャワに戻っていく。収容所では、ゾンダーコマンドそれぞれの班が犠牲者の衣服やほかの所持品を仕分けする。犠牲者の身分証明書を消滅させるのも彼らの役目だ。一九四三年春からは、共同墓穴を掘りかえして死骸を焼却、骨も細かく砕いて、痕跡をとどめぬようにした。

十六か月ちかい期間中、トレブリンカでは九七万人（そのほとんどはワルシャワ・ゲットーのユダヤ人）が殺された。一九四三年八月二日、ゾンダーコマンドのユダヤ人が反乱を起こす。彼ら七五〇名が脱出を試み、七〇名が成功する。四三年末のソ連軍の進撃を前に、収容所施設は破壊された。その跡地が農場となり、あるウクライナ人にその経営が任された。

一九四一年十月に開設されたルブリンにちかいマイダネク収容所は、四二年三月から絶滅収容所に変わる。二〇万人が最初は一酸化炭素ガスで、後にはツィクロン・Bによって殺された。殺戮工場のすぐ横では、ほかの虜囚たちを収容する強制労働収容所があって、彼らは繊維工場やハインケル航空機製造工場で働かされていたが、四三年十一月の収穫祭作戦《エルンテフェスト》（前述）で殺戮される。ソ連軍がこの地にたどり着いたのは一九四四年七月二十四日で、殺戮の痕跡を多数確認した。

ヘウムノをはじめベウジェツ、ソビボル、トレブリンカなどの殺人施設、そしてアインザッツグルッペンによる殺戮をふり返ってみると、ショアーのかなりの部分が収容所の外で行なわれたものと結論できる[1]。

（1）ジェノサイドの四〇パーセントがガス室以外の場所、ことにアインザッツグルッペンの手によるか、もしくはゲットー内で殺されている。

2　アウシュヴィッツ＝ビルケナウ

ヒムラーの命で一九四〇年四月二十七日に開設されたアウシュヴィッツ収容所は、クラクフとカトヴィツェを結ぶ鉄道の便がよい地、クラクフの南西五〇キロのドイツに併合された域内[1]の町オシフィエンチム（一九三九年の人口は一万人で、うち四〇〇〇名がユダヤ人）近くにあり、同年五月四日付けで元ザクセンハウゼン収容所所長のルドルフ・ヘスが司令官に任命された。急速に拡張が進み、四二年には住民を強制立ち退きさせたあと、四〇平方キロメートルの広さを持つ大量殺戮の最重要施設となった。

（1）この地域は徹底したゲルマン化の対象となり、そのせいで排水や道路工事、建物建設などの大規模工事が進められた。

一九四一年夏、捕虜のソ連兵が最初に収容され、続いて四二年初頭に西ヨーロッパからユダヤ人が送られてきた。ヒムラーは四一年三月にはもう収容所の拡張を命じている。さらに、政治犯三万人（およびソ連軍捕虜一〇万人）を受けいれるための収容所を、アウシュヴィッツから三キロメートルほど離れたブジェジンスカ（ドイツ名はビルケナウ）に建設しなければならなかった。彼はまた、IG・ファルベン社の合成ゴム〈BUNA・ラバー〉および合成燃料《エアザッツ》工場に一万人の労働者を供給しなければならない。ユダヤ人用の殺戮施設を立ち上げるのと併行して、四一年四月から、親衛隊とIG・ファルベン社との合意に基づき、アウシュヴィッツから七キロ離れた場所にBUNA労働収容所の工場も建設されていたのだった。かつてポーランドの一農村だったモノヴィッツェ（ドイツ語でモノヴィッツ）に設けられたアウシュヴィッツの支所ともいえる特別施設に、最初の捕囚が収容されたのは一九四二年十月である。ツィクロン・Bを用いる第二の殺戮方法は、すでに一九四一年十二月ビルケナウ収容所内において、「過激な共産主義者」と烙印を押されたソ連兵捕虜に対して実施されていた。一九四二年七月に二度目の視察をしたヒムラーは、ほかの理由とも併せて、ヨーロッパの鉄道網を検討した結果、アウシュヴィッツ＝ビルケナウ収容所を西および南ヨーロッパのユダヤ人絶滅の拠点にしようと決断する。一九四三年と翌四四年を通じて、アウシュヴィッツはショアーの拠点となる。当時、そこには三つの主要収容所[1]と十数か所の附属施設があった。〈ラインハルト作戦〉に基づいた絶滅収容所をそれぞれ視察したあと、ルドルフ・ヘスは大量殺戮を工業化したいと望んだ。そういうわけで、彼は控え室（脱衣場）とガス室、死体を処理する焼却炉を備えた「複合ユニット」の設計を発注する。また彼は、即効性があるということで、一九二〇年代に殺虫剤として開発されたシアン化水素〈ツィクロン・B〉[2]の使用も決める。

（1）アウシュヴィッツ第一強制収容所「基幹収容所」は抑留施設にとどまり、アウシュヴィッツ第二強制収容所ビルケナウは一九四二年よりユダヤ人大量殺戮の現場、そして数キロ離れた第三強制収容所モノヴィッツは強制労働施設であり、ドイツの大企業（民間のドイツ人社員もいた）、その筆頭には化学コンツェルンで合成ゴム生産工場〈BUNA〉を所有するIG・ファルベン社などが操業していた。

（2）〈ツィクロン・B〉は、デグサ社（現エボニック・インダストリーズ社）の子会社デゲッシュの商品であり、必要に応じて親衛隊が発注し、赤十字マークの入った車で配達された。

アウシュヴィッツ第一収容所と第二ビルケナウ収容所の中間に位置する停車場はユーデンランペ（ユ

ダヤ人用ホーム〉と呼ばれ、そこでドイツ人医師（元〈T4作戦〉の責任者ティロ博士など）によって行なわれる選別が四二年七月四日を境として毎日のようになった。到着する人びとの二五パーセントだけ（時にはもっと少ない）が「勤労奉仕」に送られる。その人たちは髪の毛を刈られ、登録番号の入れ墨をされる。[1] 選ばれなかった者をすぐに待ち受けているのは死である（列車の全車両が即刻殺されることもあった）。流れ作業化した殺戮工程では、ユーデンランペで降りた犠牲者が灰になるまで数時間しか要しない。

（1）左腕に番号を入れ墨するのは当初アウシュヴィッツだけの規則だったが、一九四三年二月以降は一般化した。人種に差別をつけるため、ライヒスドイチェ（本国ドイツ人、おもに政治犯）とフォルクスドイチェ（民族ドイツ人）には免除された。

死体焼却炉の建設は一九四二年七月に決まった。四組の「複合ユニット」（脱衣用の控え室、ガス室、複数の焼却炉）は、ドイツの民間会社によって一九四三年の三月から六月のあいだに納品された。翌年五月からは、列車がガス室ちかくまで入れるようになる。「選別」のあと、没収した所持品は分類整理のうえ、ドイツ本国へ送る。金（歯の金冠、装身具、金貨、その他）は溶かして地金にしてから、ドイツの国庫に入れる。[1] 殺す前に刈った女性の髪の毛も本国に送られて、潜水艦乗組員が履く特殊靴の加工材料となる。

（1）アインザッツグルッペンのくり返した大量殺戮のすべてに略奪が伴っていた。〈バビ・ヤールの虐殺〉に参加していたアントン・ハイドボルンが語る。「処刑したユダヤ人たちの所持金だった紙幣をきれいに広げるのに、何日もかかりました。わたしが思うに、あれは何百万という額になったはずです。あの金がどうなったのか、わたしは知りません。袋に詰めて、送りだしただけですから」巻末参考文献【6】、六二頁。アウシュヴィッツを解放した連合軍の兵士たちは、一〇〇万着以上の男物の服のほか、ワンピースや女物の外套を保管する倉庫を発見した。なめし皮作業場には七トンもの女性の髪の毛が積まれてあった。

「あの人たちは恐ろしい叫びをあげはじめました。自分たちがどういう境遇にあるのか、もう分かっていたからです。わたしは小窓から覗きませんでした。というのも、顆粒剤をなかに注いだあとは、すぐに密閉しないといけない。数分経つと、まったく静かになります。われわれは待つわけです、一〇分か一五分。それからガス室を開きます……。それは恐ろしい光景でした[1]」

（1）巻末参考文献【6】、二二七頁。

ガス殺されたあと、むくんで絡みあい、硬直している死体から、ユダヤ人のゾンダーコマンドが歯の金冠をはずす。死体は電動エレベーターで焼却炉まで運ばれる。その焼却炉は、四四年夏、ことに五、六月の二か月間はハンガリーのユダヤ人四三万七〇〇〇名を全滅させる作業が進行中であったせいで、フル稼働でも追いつかないような状況にあった。当時、アウシュヴィッツでは毎日一万二〇〇〇名を殺していた。

三拠点をそろえて一九四四年に稼動しだしたアウシュヴィッツは、抑留施設であると同時に殺戮施設でもある複合収容所だった。だが、二つの機能は多くの点で重なりあう。アウシュヴィッツに来て囚人番号を入れ墨された四〇万人（勤労に選別された者たち、女性が三分の一）のうち、ほんの数か月で二〇万人が死んでいるのだから[1]。

（1）一九四四年一月に主要三収容所および構外作業班（コマンド）全体で八万一〇〇〇名だったのが、同年八月には一三万五〇〇〇名となっており、その監視のため三三〇〇名の親衛隊員がいた。

「勤労」に選別されたユダヤ人は執行猶予の状態に置かれる。人間性を破壊するプログラムが待ち受けていて、まず飢えと渇きから始まり、労働による消耗、日々の気まぐれで襲ってくる殴打や殺人、そして全裸で見られ、ガス室行きになるかが決まる「選別」も定期的にあった。同じく病気も、ことにチフスが彼らの運命を定める。ユダヤ人とロマ、いわゆるジプシーたち[1]がほかの民族よりも優先されて「人種」や双生児に関する医学実験のほか、結核やチフス菌を接種される生体実験、また優性計画における「劣等人種」を断種するという大規模な人体実験の実験台にされた。高線量のX線を生殖器に照射することなどは、違った形態による大量殺戮を予示させるものだった。

（1）一九四四年八月二日の夜、収容所内の離れた場所に勾留されていた「ジプシー」二九〇〇名が一挙に殺害された。彼らは、数か月前からアウシュヴィッツにいたので、自分たちを待ち受けている境遇を百も承知だった。

ドイツ企業（クルップ、シーメンス、IG・ファルベン）は、親衛隊から一日一人あたり四ないし六マルクで労働力を仕入れるが、彼ら捕囚の寿命は四か月以下（付近にある炭鉱では一か月）である。「労働による絶滅」を一九四二年九月に布告したのはヒムラーで、だがすでに同年四月、親衛隊経済管理本部（WVHA）の長オズヴァルト・ポール大将が「労働時間にはいかなる制限もない」と言明していた。

定期的な「選別」によって、捕囚のなかでも多くのユダヤ人が、そして四三年八月以降になるとユダヤ人のみが殺されていった。ライヒの戦争経済を見通し、その時期から「アーリア系」労働力を蓄えておく方針に変わったからである。プリモ・レーヴィは、ある親衛隊の医師が「選別」を行なうようすを記述した。「バラックの長老《ブロックエルテスター》が昼の部屋《ターゲスラウム》と寝間のあいだのドアを閉じ、それぞれの部屋から中庭に通じるドアを開いた。外にはその二つのドアの真ん中にわたしたちの運命の審判者である親衛隊下士官がいて、彼の右にブロックエルテスター、左に棟付看守長もいる。わたしたちは一人ずつ裸になってターゲスラウムから十月の寒空の下に出て、三人に観察されながら、親衛隊下士官に自分の名札を手渡し、それから出てきたドアから数歩離れた寝間のドアからまたバラックに戻る。二つのドアから出入りするその数秒のあいだに、下士官は正面からと背面からの一瞥で囚人の運命を定め、右か左の男に名札をわたすのだが、それがまさにわたしたち各人の生と死の分かれ目を意味するのだ。二〇〇人収容のバラックごとに三分から四分、収容所全体の一万二〇〇〇人だと午後いっぱいかかる」[1]。

(1) 巻末参考文献【9】、一三六頁。

戦況から考慮して、一九四四年十一月二十六日、ヒムラーは大量殺戮の施設をすべて解体するよう命じた。一九四〇年から一九四五年初頭までの期間、アウシュヴィッツに収容された一三〇万人のうち一一〇万人が非業の死を遂げた。犠牲者のうち、ユダヤ人一〇〇万名が一九四二年二月と一九四四年十一月のあいだに殺されている[1]。殺された人たちは全ヨーロッパ、とくにポーランド、ハンガリー、オランダ、フランス、ベルギーからであったが、クロアチアやイタリア、ギリシア、ノルウェーの片田舎からも連れてこられていた。

(1) ユダヤ人およびポーランド人犠牲者のほか、さらに二万一〇〇〇名のロマと一万五〇〇〇名のソ連兵捕虜、そして他の国籍の捕囚たち一万三〇〇〇名も加えなければならない。

Ⅲ　痕跡を消す

当初、死体は巨大な共同墓穴にただ埋められるだけだった。しかし、短期戦で勝利をおさめるというドイツの見通しが次第に危うくなるにつれ、その発覚を恐れる心理が日増しに膨らむ。だが一方で、犯罪の非道さが想像を絶するあまり、もし白を切ろうとするならばその「ありえなさ」は有利に働くにちがいないし、したがって将来、大量虐殺の事実を否認することへの誘惑というか、その可能性があるということは、だれもが認識していた[1]。

（1）一九四五年四月十二日、パットンとブラッドリーの両大将を連れたアイゼンハワー連合軍最高司令官は、ブーヘンヴァルト強制収容所の一部であり、四月六日アメリカ軍によって解放されたユダヤ人作業隊（コマンド）が収容されていたオールドゥルフ強制労働収容所を視察した。それについて一九四六年、アイゼンハワーは書いた。「わたしは収容所内の隅々まで見て回った。それは、ある日われわれ各国において、ナチスによる残忍な行為などプロパガンダの産物でしかないというような考えや推測が万が一にも広まった場合、それらの出来事についてのわたしの体験を証言できるようにしておくことが責務であると考えたからである」巻末参考文献【10】。

一九四二年六月、ヒムラーは〈第一〇〇五秘密作業隊《コマンド》〉を発足させ、指揮官には元〈バビ・ヤール虐殺事件〉責任者の親衛隊大佐ポール・ブローベルを任命、一九四一年、四二年の大殺戮に使った共同墓穴から死体を掘りださせて焼いた。こうして犯罪の証拠を消したうえ（焼け残った骨は砕いて灰を川に流すか、リン酸石灰の肥料、あるいは断熱材、さらには道路舗装にも使った、とプリモ・レーヴィはビルケナウ収容所での例を挙げている)、墓穴はまた埋められて野原あるいは灌木林になった。四二年秋には、ソビボルとベウジェッツ絶滅収容所付近の共同墓穴からも死体を掘りだして焼却した。四三年二月、ヘウムノ絶滅収容所で、続いてトレブリンカでも同じ作業がくり返される。アウシュヴィッツの場合、焼却炉が建設されるまで死体は野天で焼かれた。「……火勢が強まるのを待って、ほかの死体を加えていった。溝の底にたまった脂をバケツにとり、もっとよく燃えるように火にかける。西風が強いと、死体の腐臭は収容所までにおってきてしまう[(1)](アウシュヴィッツ収容所司令官ルドルフ・ヘス)」

(1) 巻末参考文献【6】、二四三頁。

一九四三年末になると、二十四時間で八〇〇〇体を処理できるビルケナウ絶滅収容所の施設と焼却炉は、おもに西ヨーロッパのユダヤ人を対象に丸一年のあいだ稼働した。〈ユダヤ人問題の最終的解決〉は、その表現自体ひどく雄弁であるが、最初から最後まで「国家機密」として扱われた。それが故に、殺戮に関わるナチス官僚たちの用いる語法に変形と偽装がこらされていた。しかも、その守秘努力は自分たちの平常心を保護する役目も果たす。嫌悪感を追いやるには、用語を偽装するほかないのだ。殺人者でさえ犯罪を婉曲に表現したがるということである。「死」とか「ガス殺」、「銃殺」、「絶滅」などの言葉には内部文書のなかで例外的にしか使われていない。このような偽装語法には二つの機能があり、外部に向けては国家機密の漏洩制限と、内部的には心理的な自衛効果である。ガス殺は特殊療法《ゾンダーベハンドルング》、ガス室は特別装置《スペツィアルアインリヒトウンゲン》と言い換え、殺害を「排出」もしくは「東方移住」と言う。共同墓穴を掘りかえすユダヤ人奴隷には、「死体」とか「犠牲者」と言うのを禁じる。「ぼろ切れ」か「マリオネット」、あるいは「材木」と言わねばならなかった。大量虐殺を遂行したアインザッツグルッペンの指揮官が昇進したり受勲する際、それは「戦時特別任務完遂」と呼ばれる。だれも特殊療法《ゾンダーベハンドルング》でごまかされなくなった一九四三年四月、ヒムラーは以後「水門通過」と表現せよと命じたのだった……。

殺戮者と犠牲者の両方が将来における犯罪否認を想定していた。アブラハム・レヴィンは「ワルシャワ・ゲットーの日記（邦題は『涙の杯』、一九九三年、影書房）」の一九四二年五月二十日付けの記述で「ナチの残忍な所業……は未来の世代にとってはまったく想像のつかないことであり、わたしたちの証言は困窮と憤りのせいで興奮したあげくの産物、妄想と片づけられるのだ」と述べる。そしてウッチ・ゲットーのシュロイム・フランクは「戦争が終わったある日……、おそらく人びとはこう言うにちがいない『生き残ったユダヤ人の彼がそんなことをすべて見たはずがない。なぜなら、そんなむごたらしい目に遭っただけで気が狂ってしまうはずだから』と。加えて、このヨーロッパ文明のただなかで、そんなことが起こったとはだれも信じやしないだろう[1]」と一九四二年八月八日付けの日記に記した。

（1）巻末参考文献【1】、七二頁。

ソ連軍の進撃を見てあわてたドイツ軍は、主要な強制収容所、最初にアウシュヴィッツ絶滅収容所からの撤退を計った。すでに一九四四年七月、文書焼却が始まってそれは九月まで続き、一三万七〇〇〇名の囚人もライヒ内の収容所へと移送された。だが、ドイツの敗退が明らかになるにつれジェノサイド志向が過激さを増し、退却を余儀なくされた軍隊は〈ユダヤ人問題〉を最優先事項としていく。

一九四四年八月二十五日、最後のユダヤ人輸送列車がウッチの町を出てアウシュヴィッツに向かった。

十一月のはじめルドルフ・アイヒマンは、ブダペストのユダヤ人二万人をオーストリアへ、ついでそこから各地の収容所に送るよう命令を出した。四五年二月になっても、最後のユダヤ人輸送列車がトリエステを離れ、スロヴァキアの最後のユダヤ人たちもテレージエンシュタット収容所へと移送された。しかしいたるところ、ドイツ軍は激しい抵抗を試みていた。ソ連軍がワルシャワに入ったのが一九四五年一月十七日、その二日後に解放されたウッチ・ゲットーには九〇〇名の生き残りユダヤ人しかいなかった。

一九四五年一月十七日、アウシュヴィッツで最後の囚人点呼が実施される。翌十八日と十九日、捕囚六万七〇〇〇名のうち五万八〇〇〇名が凍てつくなかを徒歩にて収容所を出発する。二十日から二十七日のあいだ、親衛隊は民間会社の協力を得て、無数の文書はじめ犯罪痕跡の大方の隠滅作業を終えた。死体焼却炉の破壊も計り、最後の焼却炉が爆破されたのは一月二十七日の午前一時である。[1] その日の午後、ソ連赤軍の師団がアウシュヴィッツ＝ビルケナウ収容所に入り、悲惨な状態にある捕囚七〇〇〇名を保護した。

（1）第二、第三焼却炉が取り壊されたのは一九四四年十二月と翌年一月である。解体作業は、ソ連赤軍の進軍により途中で放棄されることになる。焼却炉のコンクリート構造部分が爆破されたのが一月二十日で、第五焼却炉の爆破は同二十二日。翌日、ドイツ軍は囚人から奪った所持品を保管してあった倉庫〈カナダ棟〉に放火した。

同じころ、ほかの捕囚は寒さと恐怖に震えながら苦難の行進を続けていた。徒歩で、あるいは何の囲いもない荷台の上で凍え、食料も水も与えられずに、ちょっとでも衰弱したようすを見せれば容赦なく殴られた。捕囚の護送が厄介になり、すると一部の親衛隊員がドイツ人囚人に協力させてほかの捕囚たちを機銃掃射するようなことさえ起こった。数週間後、生存者たちは西方の収容所、ダッハウやブーヘンヴァルト、ラーフェンスブリュック、マウトハウゼン、グロス・ローゼン、ベルゲン＝ベルゼンに収容される。

ライヒ最後の日々は、「仮借のなさ」という形容につきる。大量殺戮の証拠となる生き残りを連合軍にわたしてはならなかったし、さらに、ヒトラーが一九四五年春先の数週間、何度となくくり返したように、「ドイツの破局」はユダヤ人にとっての弔鐘でなければならなかったのだ。アウシュヴィッツから〈死の行進〉でマウトハウゼンへ、それからその附属施設であるオーストリアのエーベンゼー収容所に移された四〇〇〇名のハンガリーのユダヤ人は、アメリカ軍が一九四五年五月五日に解放した時点で三〇〇人しか生き残っていなかった。執拗さはさらに続き、一九四五年四月末に北ドイツで起こった〈ガルデレーゲンの虐殺〉では、数百名のユダヤ人がほかの戦争捕虜などとともに大きな納屋に閉じ込められたうえ、地元のヒトラー青少年団《ユーゲント》らによって火を放たれて死んだ。

全体では、二五万から三五万人（過半数がユダヤ人）の捕囚がこの〈死の行進〉、すなわち途中の「排出」か移送先の狭い収容所内の極限状況のなかで死んでいる。そのような場所の解放（現実には、収容所の破壊攻撃の側面が強かった）は混乱と無秩序を極め、劣悪な衛生環境および生存者の大多数がひどく衰弱していたこともあって、解放後にも多くの死者を出した。ベルゲン＝ベルゼン収容所を解放したのはイギリス軍だが、チフスを恐れるあまり隔離の措置をとったため、二万五〇〇〇名の隔離患者のうち一万三〇〇〇名が解放から数週間で死亡している。

第五章　世界が沈黙するなかでの抵抗

Ⅰ　世界の沈黙——だれが何を知っていたのか

一民族全体の予定された死、それを知ること自体とうてい納得できることではない。加えて、第一次大戦中の（とくに連合軍による）プロパガンダが広めた嘘を連想させずにはおかない情報の「うわさ」的な側面、それも乗り越える必要があった。とはいえ、警告はふんだんにあったのだ。ナチが「ユダヤ民族絶滅」を計画していると、一九三八年十二月五日、駐ベルリン米国領事は本国政府宛に書き送っている。しかし、そんな犯罪の途方もなさが多くの人びとを困惑させた。疑念から動揺へ、動揺からようやく確信へとためらい迷った。ジェノサイドを理解するには時間が必要で、ところが大量殺戮の方はすさまじい速さで進んでいたのである。

わたしたちだれもが長いあいだそう信じていたよりも多くの情報が各国首脳部には、行きわたっていた。彼らが大量殺戮を知ったのは、それが実行された時期とほぼ同時だったと言ってもよい。たとえばイギリスは、ナチス・ドイツの電報を傍受・解読し、非常に早い時期から、いかなる次元の問題と向き合っているのかを理解していた。そして、少なくとも〈リーグナーの電報〉(後述)より一年も前から、決定的な情報を秘匿していた。こうしてナチス親衛隊中将フォン＝ツレウスキーがベルリンへ送った一九四一年八月十七日付けの電報には、「……本官の管轄下にある地域における処刑の合計数は現在のところ三万件となり……」とあった。[1] それはフランスのヴィシー政権とて同様であり、駐ルーマニア大使ジャック・トリュエルが本国の首相に宛てた長文の報告書は「以前は、昨夏のヤシ市でのケースでも同様ですが、迫害行為が一部の軍人もしくは地場の顔役による散発的なものと考えられていました。しかしこんにちにおよんでは、かなり以前から計画された徹底した絶滅計画であること、その実態をもはや疑う余地はありません」と結んでいる。[2]

(1) 巻末参考文献【11】。
(2) 巻末参考文献【12】、二八〜三九頁。

1 ユダヤ人社会のなかでは

一九四一年末の東ヨーロッパ、四方八方から声にならない情報が洩れてきて、同年十二月八日以後、さらにその量が増えた。しかしそんな情報はうわさの形でしかなく、何度くり返されようと、認識とはなりがたい。[1] しかも、ドイツは情報攪乱を計っていた。多くの捕囚は、快適な暮らしを送っているという紋切り型で日付なしのはがきを書いておくよう強制され、それをいつもポケットに入れていた。それらが数か月おきに、場合によっては数年おきに郵送されてくるのだ。

(1) 悪魔憑きでもなければ、つぎがどうなるか予想などできない」巻末参考文献【8】。

一九四二年になって、ポーランドのユダヤ人共同体はドイツ人が定めた自分たちの運命を知ったというのに、もちろん信じたくないから、彼らはその現実を認識しようとしなかった。「そんな情報、(たとえば)小さな田舎町で虐殺があったことを告げる者たちは、ユダヤ人全員の抹殺なんてことまで言いはじめる。地方ではどこででもユダヤ人狩りが始まっているとか、大多数がその場で殺され、少数の生き残りは労働収容所に送られてしまうだろうとか[(1)]」というように。

(1) 巻末参考文献【1】、「ウッチ・ゲットーの日記、一九四二年、七月二十四日」。

一九四二年、東ヨーロッパのユダヤ人共同体から救援を求める声が高まり、それがスイスで開催されていた〈世界ユダヤ人会議〉の幹事をはじめ、イスタンブールの連絡事務所に、そこから［イスラエル建国前の］パレスチナのユダヤ人共同体〈イシューヴ〉へ、そしてアメリカのユダヤ人指導者まで届いた。しかしながら一九四二年には事態の認識がまだ中途であり、一九四三年になって確信に変わったものの、実際の出来事からいつも数歩遅れていた。アメリカのユダヤ人指導者たちが一九四二年に犠牲者数を一〇〇万人と言っていた時点で、すでに三〇〇万人以上が殺されていたのである。

そういった情報の核心となったのが、一九四二年八月、スイスにおける〈世界ユダヤ人会議〉の代表ゲルハルト・リーグナーがイギリス外務省および駐ジュネーブ・アメリカ領事宛に送った電報である。当人もその情報を、同年七月末にチューリッヒで会ったドイツ人工場主エドゥアルト・シュルテを通じ、間接的に得たものだった。当時、ヨーロッパ全土で〈最終的解決〉は山場を迎えつつあったのだ。

一九四二年七月十六、十七日にパリで起こったユダヤ人狩り〈屋内競輪場事件《ヴェルディヴ》〉と、ワルシャワ・ゲットーから住民を積んだ最初の貨物列車が出た（七月二十二日）のはほとんど同時である。

リーグナーの電報は「憂慮すべき情報を入手。総統《フューラー》周辺にて以下の討議および検討が進行中。ドイツが占領もしくは支配下に置いた国の全ユダヤ人、三五〇〇万から四〇〇〇万人を東方に強制移送のうえ収容所に抑留する。そして、ヨーロッパにおけるユダヤ人問題を最終的に解決するため、一気に彼らを絶滅させねばならないとし、その実施は秋に予定されているが、具体的方法は検討中で、青酸使用の可能性もある。本情報は確認作業が不可能のため、正確性に関しては留保つきで送付する。なお本情報提供者は、ドイツ最高首脳陣ときわめて親しい関係を保持し、また総じて信憑性のある情報をもたらす人物との定評あり」この電報は、内容の正確さにもかかわらず、すでに事象よりも後れをとっている。言及されているヴァンゼー会議は電報の七か月前に開かれており、ガス・トラックによる大量殺戮は八か月も前に始まっていたのだ。リーグナーのメッセージは慎重な反応で迎えられ（ユダヤ人社会も含めて）、それどころか連合国側からの反発さえ招いた。ことにアメリカ国務省は電報を「ユダヤ人の恐怖心が生んだばかげたうわさ」と片づけ、したがって宛先人の一人であるワシントンの〈世界ユダヤ人会議〉議長のラビ・スティーヴン・ワイズにわたさぬことを決め、結局、ワイズはイギリス議会の議員からそれを知らされる破目になった。

一九四〇年夏から四二年秋にかけて少なくとも三度、ユダヤ人共同体のもう一つの根幹であるパレスチナの〈イシューヴ〉がドイツ軍による侵攻の脅威にさらされる。一九四一年六月、二度目の危機が訪れたとき、イギリス軍は一時期パレスチナのユダヤ人部隊を南アフリカに撤退させようと考えた。四二年七月には、エジプト戦線でドイツ国防軍のロンメル将軍の勝利を想定した国家保安本部（ＲＳＨＡ）は、アテネに親衛隊将校ヴァルター・ラウフを指揮官とする部隊を配置、エジプトとパレスチナにおける〈最終的解決〉を推進させようと計画した。ところがロンメルが四二年秋に敗退してしまったので、ラウフの部隊を撤収させねばならなくなった。四二年夏、パレスチナのユダヤ人向け新聞は（まだジェノサイドとは言わず）「殺戮」に関する記事を載せたが一面の大見出しにすることはなかった。おそらく、情報の信憑性に疑いを抱いていたか、同時期の非ユダヤ人と同様、事の深刻さをすぐに理解できなかったのだろう。すでに一九三三年ごろから、労働シオニズム（イスラエル建国をめざすシオニズムと社会主義の融合を唱える政治運動）の指導者ベルル・カッツネルソンを筆頭に、最悪の事態を予測していた人は少なからずいるにはいたのだが。「わたしは、ユダヤ民族が重大な危機に瀕しており、それをわたしたちの世代が救わなければならないという思い、それからどうしても逃れられずにいる」と、彼は一九三三年二月八日にある女性に書き送っている。しかも一九四二年十一月、〈ユダヤ機関〉執行部はリーグナーからの電報に基づいて、ヨーロッパにおけるユダヤ文化の徹底破壊を意図する計画の存在を、ただし衝撃を与えぬようガス室などに関する一部の情報をのぞき、公表もしてあった。一九四二年十一月十六日、英独間の合意に基づき、ポーランドから出国できずにいたパレスチナ在住のユダヤ人六九名がようやく生還し、彼らがアウシュヴィッツ強制収容所について証言した内容がリーグナーの電報を裏づけた。

衝撃、それよりも悲嘆の波がパレスチナのイシューヴ全体を覆ってしまった。あちこちで追悼集会が、シナゴーグでも鎮魂の祈りが捧げられた。一九四二年十一月二十三日、新聞は第一面を黒枠で囲んで発行し、学校でも児童たちに大量殺戮についての説明がなされた。彼らシオニストたちは、旧大陸に残した伝統偏重のユダヤ人共同体《ケヒラー》をある意味でばかにしており、断絶状態にあった。けれども、それが「ほんとうに」消滅してしまうのに立ち会ってみて、罪悪感と不安に襲われた。

2　連合国では

一九四二年末、連合国および中立国の首脳部にもたされる情報は一致していた。しかながら、状況の深刻さが知れるにつれ、情報は首脳部内にとどめられるようになる。連合軍一一か国（さらにド＝ゴール将軍の自由フランスも加わった）がドイツに対して出した一九四二年十二月十七日付けの警告はユダヤ人のジェノサイドを世界に知らしめたものの、それをのぞけば英米両国はまったく動こうとしなかった。同じ一九四二年、二度にわたってポーランド亡命政府の密使《クーリエ》ヤン・カルスキはワルシャワ・ゲットーに潜入した。その報告を一九四三年初頭にロンドンおよびワシントン向けに行ない、同年七月にはルーズヴェルト大統領にも接見されて伝えた。カルスキの奔走に対してはまるで反応がなかった〔ヤン・カルスキ著『私はホロコーストを見た――黙殺された世紀の証言一九三九～四三』、二〇一二年、白水社〕。

しかしながらアメリカ政府は、（一九四二年六月付けの報告書ですでに「ドイツはユダヤ人をもはや迫害しているのではない、抹殺しているのだ」と述べているように）ジェノサイドおよびほかの点、とりわけ詳しくアウシュヴィッツに関しきわめて正確な情報を持っており、それは前述一九四三年八月と十二月のポーランド亡命政府からの報告、[1] さらに一九四四年春に収容所を脱走した四名のユダヤ人[2]の証言、そして一九四四年四月四日に撮影されたアウシュヴィッツの最初の航空写真によるものである。ところがアメリカ政府は、〈最終的解決〉を阻止するための具体的な行動、たとえば何度か要請されたアウシュヴィッツ収容所へ通じる鉄道線路の爆撃を、四四年八月二十日にはそこから一〇キロメートルも離れていないビルケナウの一工場を空軍機二二〇機で空爆しているにもかかわらず、すべて拒んだ。

（1）「その場所で、人びとは窒息させられ、一〇分から一五分間ひどい苦しみを味わう。……休みなしに彼らは死体を焼きつづける」と、アウシュヴィッツ収容所についてポーランド・レジスタンス組織は書いた。巻末参考文献【11】、一四一頁。

（2）ルドルフ・ヴルバとアルフレド・ヴェツラーの二名は一九四四年四月七日に、アルノシュト・ロジンとチェスワフ・モルドヴィチの二名は同五月二十七日、脱出に成功する。彼らの証言は一つにまとめられ、一九四四年六月から《アウシュヴィッツ報告書》として知られており、スイスに持ち出されたあと同七月四日に公開された。

一九四四年六月末、〈ユダヤ機関〉は英国のアンソニー・イーデン外相にブダペストとアウシュヴィッツを結ぶ鉄道路線を爆撃するように要請した。それはまったく進展を見せずに終わった。七月四日、アメリカ国防省次官は、アウシュヴィッツ爆撃が「現実的でない」（後述）と明言する。軍部も政権に口を合わせ、戦争努力に専心すべきとの声明を出した。戦後になって、自分たちの判断を正当化するため、彼らは一様に出来事の深刻さについての正確な情報が不足していたという理由を挙げる。

だが、その説明は成り立たない。英米両国の対外政策は、自国および影響下にある国の国境をユダヤ難民に対し閉鎖しておきたいからこそ、情報を断とうと試みたのだ。少なくとも二度にわたって英国政府は、ユダヤ人救援の提案を退けている。一九四三年三月、六万人のブルガリアのユダヤ人を救う機会と、一九四四年六月にはハンガリー・ユダヤ人数十万の命を「一万台のトラック」と交換するという申し出である。

イギリスでは、ユダヤ人が大量殺戮される運命にあると告げられること自体に、官僚たちが拒否反応を示した。イギリス情報省は、新聞の論説委員とラジオアナウンサーに対し、「むごたらしい話[1]」を最小限にするよう注文するのと同時に、犠牲者がユダヤ人であることを明言せぬよう要請した。おそらく列強のなかで最初に殺戮の情報を得ていたのは英国政府であろう。事実、英国は第一次大戦後の戦間期に数か国、ソ連や日本、アメリカの暗号システムの秘密を見抜いており、こうして一九三七年、ドイツ空軍・警察間の電文を解読した。一九四一年九月十五日前後にイギリス政府は、アインザッツグルッペンの手になる大量殺戮の精確な状況を数字とともに把握していた。一九四二年一月二十二日、「ドイツはユダヤ人絶滅の政策を明らかに継続中である」とイギリス情報省は記した[2]。ある総括文書のなかで、一九四二年十二月十四日、イーデン外相も「ユダヤ民族の完全な抹殺」に言及している[3]。先に述べた政治要因よりも以前に、結果的にこれは被害者への感情移入ができなかったことの証左となろう。「ユダヤ人の件でお騒がせしますこと、恐縮しております」と、一九四三年三月十八日、後に〈バミューダ会議〉の主席代表となるリチャード・ローはイーデン外相に書く。「これがいかに煩わしいかは察しておりますが[4]……」と。

(1) 英国の沈黙はユダヤ人を一民族とは認めないことであり、それはナチによる差別主義と一線を画すという立場から説明できよう。
（2）巻末参考文献【11】、一一八頁。
（3）巻末参考文献【11】、一七七頁。
（4）巻末参考文献【13】、二二五頁。

アメリカでは、すでに一九四二年から多くの情報が行きわたっていたが、国民の無関心に加えて、「消極的」だが広く行きわたっている反ユダヤ主義[1]が無視できない状況としてあった。「ヒトラーは四〇〇万のユダヤ人の殺戮命令を一九四二年に出していた」と、一九四二年十一月二十五日付け『ニューヨーク・ヘラルド・トリビューン』紙は〈世界ユダヤ人会議〉会長ワイズの声明を報じている。ところが、このような文字どおり信じがたいニュース[2]であっても、往々にして戦争記事のなかに埋もれてしまい、たとえばハンガリーのユダヤ人にとっての悲劇はD・ディ（一九四四年六月六日）の陰に隠れてしまったのである。

（1）米国のOWI（戦時情報部）が実施した世論調査によれば、ドイツ人の残虐行為に関する報道に接して、それがユダヤ人に対して行なわれたと明らかにされているときより、明らかにされていない場合の方が、「平均的アメリカ人」は七倍強い衝撃を受けるとある。巻末参考文献【14】、四一八頁。
（2）一九四三年一月に実施されたギャラップ調査によれば、「ドイツ人によって二〇〇万人のユダヤ人が殺されたといいますが、あなたは信じますか？」との質問に、回答者の四七パーセントが「はい」と、二九パーセントが「いいえ」、二四パーセントが「意見なし」と答えた。

英国政府と同じように、米国政府も何十万という難民が国内に入ってくるのを危惧した。ルーズヴェルト大統領は、ことあるごとに「ジュー・ディール」と糾弾された〔ユダヤ系の側近が多かったことで、ニュー・

ディール政策に引っかけて皮肉られた〕こともあり、一九四四年三月まで記者会見においてユダヤ人殺戮問題に触れようとしなかった。ユダヤ系市民が自党（民主党）支持であるとは知りつつ、同時に移民政策を緩和すれば多くの票を失うことも分かっていたのだ。そしてそれは一九四三年初頭、国務省の幹部たち〔頭に移民排斥主義の染みこんだWASP出身者が多い〕がユダヤ人指導者によってスイスから届けられる大量の情報を遮断する際に好んで適用した方針でもあった。

おそらくアングロ・サクソン政府としては、連合国の戦いを「ユダヤ人の戦争」と見せたいドイツ政府に対し、いかなる論点も与えたくなかったのだろう。そして、反ユダヤ主義が主流の世論も考慮に入れなければならなかったに相違ない。だから最終的に、ロンドンにしてもワシントンにしても迫害される民に避難所を提供しようとはしなかった。英国にも、パレスチナにも、アメリカにも。

この一連の出来事の本質を認識、理解するのは困難であったにちがいないが、しかし無関心もある役割を演じたのである。戦後それは、破局の証人だったすべての人びとに拭うことのできない後ろめたさ感じさせることになる。

連合国のなかでもソ連の人びとは、ユダヤ人を襲った破局の主要な目撃者だった。それなのに、二度しか証言をせず、いずれも目先の政治的利益を追うだけの発言だった。一九四一年八月二十四日、〈モスクワ放送〉は「全世界のユダヤ人へ」というテーマで番組を組み、そこにはほかの人びとに交じってユダヤ系の映画監督エイゼンシュタインと作家エレンブルクも招かれて証言した。翌一九四二年になると、モスクワには対独戦線の敵地側にて潜伏活動するパルチザンなどからもさまざまな情報が届いていた。ところがソ連政府は沈黙を守り、それを破ったのは一度かぎり、同年十二月十九日、ユダヤ人犠牲者について言明したときである。確かにそれは、十二月十七日の一一か国声明にて態度を鮮明にした連合軍（その軍事援助はソ連にとって重要だった）の方針に従うことではあった。ソ連は、ドイツによる暴虐行為のすべてをその犠牲者の国籍も含めて発表したが、この二度以外の声明においては、根絶やしにされた集団がヒラーであった事実を必ず伏せるようにした。しかも、ソヴィエト政権がたまにしか流さない情報は西欧諸国に向けたもので、ソヴィエト人民はユダヤ人がジェノサイドの犠牲者になっていた事実をまったく知らされなかった。果たしてわたしは、ソ連占領下にある人びとの大多数が反ユダヤ主義的であり、それに配慮せざるをえなかったという事情に言及すべきだろうか。それと、かつて撲滅を心がけたにもかかわらず根強くある反ユダヤ主義が、指導者層のあいだで復活というか、むしろ恒常的に残っていた事情を無視してもよいのだろうか。

3　赤十字国際委員会、中立国、ヴァチカン、そして情報と

大戦中において、ジェノサイドの実情についての情報を最も正確に知らされていたのは赤十字国際委員会とカトリック教会である。両者ともすべての交戦国の首都に駐留代表を置いていた。「模範的な」収容所テレージエンシュタットをドイツ人の案内つきで視察したから情報が得られたのではなく、もちろんそれは独自の情報提供者や無数の目撃者、あるいはリーグナーのようなユダヤ人指導者たちのおかげであった。

赤十字国際委員会はすでに概要をつかんでおり、一九四二年夏の大いに紛糾したジェネーブでの総会期間中、それまでの慎重な態度を継続すべきか、あるいは逆に、一九一八年二月の毒ガス使用をめぐる事件のときと同じように公式声明を出すかどうか態度を決めかねていた。赤十字国際委員会の委員大多数が公式声明の発表を支持したが、総裁のマックス・フーバーは、おそらく絶対中立を続ける自国スイス政府を怒らせたくなかったのだろう、委員たちの提議をはねつけた。「民間人は人道的に処遇されねばならない」という声明を一九四二年九月に発表したあと、その翌月から赤十字国際委員会は控え目な活動を継続、一九四五年の終戦まで特記すべき成果は残さなかった。

犠牲者にことさらユダヤ人が選ばれているという特異性を認めなかった赤十字国際委員会には、「ユダヤ人を一民族とみなす」ドイツ人の人種政策に何ら反論のしようがなかった。委員会のもはや時代遅れの人道主義観も同様で、彼らは二十世紀に特有な「全面戦争」の意味さえ理解できなかった。

ジェネーブ、ストックホルム、イスタンブールといった諜報戦の要衝において、中立を守っていた大国も徐々に情報を得つつあった。それら大国の在外公館は、情報屋のほか、情報を求める他国の外交官たち、中立国に保護を求める亡命希望者からの接触が絶えなかったのだ。一九四二年秋になると、各国の政府関係者と主要報道機関のほとんどは、方法や規模についての具体的な内容はまだよく分かってはいなかったものの、ジェノサイドがあるという事実はかなりの程度認識していた。その年の暮れ、スイス[1]とスウェーデンの新聞が「大量虐殺」と「民族絶滅」に言及している。しかしスウェーデン政府は、一九四二年二度にわたって、一つはベルリンからの、もう一つは北ポーランドのシュチェチン駐在領事からの報告書を握りつぶした。

（1）一九四二年十二月十八日付けのベルンの日刊紙『バスラー・ナツィオナルツァイトゥング』の記事「占領下にある全地域のユダヤ人は無惨な状態で強制収容所のあるポーランド国内に送られる。彼らはそこで一人残らず殺されてしまうだろう」巻末参考文献【15】、六二頁。

スイスがヨーロッパのどの国よりも情報を得ていたのはまちがいない事実だが、スイス政府は沈黙し、国境封鎖を維持したままだった。すでに一九四一年十二月八日、ケルン駐在のスイス領事は、ウッチおよびワルシャワのユダヤ人ゲットーについて「住民が飢えでばたばた死んでいる」と述べている。報告書は本国政府に送られたが、内容について口外することを禁じられた。四二年七月三十日、スイス連邦警察外事部のロバート・イェッツラー次長は下記の件につき上司ロートムントから承認を得ようとした。「強制収容所への移送がいかように実施されているかの情報、また東部国境外のユダヤ人地区の惨憺たる状況についての複数情報は、符合し信頼できるものと思われます。状況がきわめて悲惨なことから、絶望的な脱出を試みた難民を再度国外に追放することは、もはや弁護しがたくなっているものと思料します」[1] この上申があったにもかかわらず、ロートムント部長は国境封鎖を維持（八月四日付けで連邦政府もその意見を採用）し、一九四二年九月二十六日、ということはフランス国内で大規模なユダヤ人狩りが実施された数週間後、各郡の警察責任者に「本人が属するところの人種だけを理由に逃れてきた者、たとえばユダヤ人を、政治的亡命者とみなしてはならない。……当人たちが自国内で危険にさらされていないからである」という内容の通達を行なった。そして一九四四年七月十二日、すなわち連合軍のノルマンディー上陸作戦から五週間が経った段階で、スイス連邦政府はそれらの措置を解除することになる。スイスはドイツ経済に連関（そして依存）しており、ナチス・ドイツが海外にて送受した純金[2]の七九パーセントはスイスを経由した。

(1) 巻末参考文献【16】、二九四頁。
(2) 一九九六年、スイス連邦政府が召集した専門家委員会は、ユダヤ人犠牲者から奪った純金一一九・五キログラムがベルンのスイス国立銀行に開設されたドイツ帝国銀行名義で預けられたことを証明する記録の一つを発見した。

やはり中立を維持したスウェーデンは、一九四三年十月、デンマークの小さなユダヤ人共同体を受けいれた。

キリスト教会は、ヨーロッパ全体にくまなく浸透し、ことに敬虔なカトリック国ポーランドではそれが著しいので、おそらく一九四一年の最初の虐殺からほぼすべてを知っていたにちがいない。カトリック教会上層部は、ヨーロッパ内の聖職者たちからの個人的なつながりによる情報を得て、その一部はヴァチカンに伝えられた。一九四一年一月十七日、ベルリン司教コンラード・フォン＝プレジングは教皇に書き送る。「聖下におかれましては、ドイツおよび近隣諸国におけるユダヤ人の状況につきお聞きおよびのことと存じます。カトリックは無論のこと、プロテスタントの関係者からも依頼がありましたので一筆したためたく思いました。この件について御聖座の権威にて何かをしていただくことはできないでしょうか[1]」あの不幸な者たちのために声明を出してはいただけないでしょうか。返事はもらえなかった。

(1) 巻末参考文献【17】、一八三頁。

一九四二年三月九日のブラティスラヴァ（スロヴァキア）、教皇大使ジュゼッペ・ブルジオはヴァチカンに電報を送った。「ポーランドに送られた八万人は、生殺与奪権を握るドイツ人の支配下に置かれます。すなわち、彼らのほとんどが死刑判決を受けたものと考えられましょう」同六月十四日、フライブルクの司教コンラード・グレーバーは教皇宛アインザッツグルッペンについて書き送る。「ナチスの世界観は、過激な反ユダヤ主義に特徴づけられますが、これはフェアニヒトゥングと彼らが言うユダヤ人共同体の抹殺です。精神的なものだけでなく、彼らはユダヤ人共同体を形成する物理的・肉体的なものすべて、そこまで突きつめてしまうのです」(1) 一九四二年九月二十六日、アメリカ政府はポーランドでなされた大量殺戮のもうかなり長い一覧をヴァチカン聖庁に提供した。またしても沈黙。四二年クリスマスのミサでピウス十二世(2)は、「時によっては、単に国籍と人種が異なるだけで非難される者たち」数十万人もいるがとほのめかし、だが「特定の残虐さ」を告発することは拒み、ソ連のボリシェヴィキ(3)に言及せず、ナチスだけを非難することはできない、とその理由を説明した。教皇はルーズヴェルトの特使に対し、大量殺戮に関する情報には部分的に事実が述べられているが、全体的にはプロパガンダの目的で誇張してあるとも説明。一九四三年三月六日、ベルリン司教フォン＝プレジングはまたピウス十二世に手紙を書いて、ライヒに残った最後のユダヤ人を救うよう請願する。「（……）聖下におかれましては、多くの罪なき不運な者たちのため、もう一度お骨折りいただくわけにはいきませんか？ 彼ら大多数にとってはこれが最後の機会であり、公正な考え方をするすべての者たちの願いでありますす」(4) 一九四四年六月二十五日、教皇はハンガリーの執政ホルティに対し、死を宣告されたも同然のハンガリーのユダヤ人を寛大に扱うよう要請した。これがそういった意味では教皇の最初の反応であった。

(1) 巻末参考文献【17】、一七四頁。

(2) ピウス十二世の即位は一九三九年三月で、その前は長いあいだドイツに教皇大使として住んでおり、当時はパチェッリ司教といった。自分の前任者ピウス十一世の秘書として、当時はミュンヘンの大司教ファウルハーバーとともに、ナチスによるドイツのカトリック教会に対する迫害を非難する教皇回勅の草案作成に深く関わった。巻末参考文献【18】。

(3) 戦前と同様に、共産主義批判の方がナチズムに対するそれよりも過激であった。後者は一国に限定されていることから、短期的に見て危険が少ないと考えられていた。巻末参考文献【18】。

(4) 巻末参考文献【17】、一九〇頁。

非占領地域のプロテスタントならびに英国国教会の指導者たちは、カトリック教会上層部が東ヨーロッパで何が起こりつつあったか知っていたとする立場をとっている。四三年三月二十三日、カンタベリー大司教のウィリアム・テンプルは貴族院議員を前にして「今この瞬間、わたしたちはとてつもなく重大な責任を担わなければならない。わたしたちは歴史の審判、人類そして神の審判を受けるのです」[1]という声明を出した。アメリカでも、キリスト教会連邦協議会の責任者の一人が「これはユダヤ人だけの問題ではありません。全人類が加担している世界規模の途方もない堕落であります」[2]

(1) 巻末参考文献【14】、一四五頁。

(2) 巻末参考文献【14】、四〇六頁。

その後の調査に重大な欠落があるにせよ、[1]少なくとも三つの点が実証されたものと考えられる。ピウス十二世はきわめて早い時期から一通りの事実を知っており、それについて二回ほどごく簡単に触れたことをのぞき、実際にはほとんど口にしたことがない。四二年のクリスマスと四三年六月の二回である。

教皇は、舞台裏に退いて何の働きかけもしなかったわけでもないだろうが、ジェノサイドに関しては沈黙を守り、それは私信のなかでも同様（ほかの悲劇にはことごとく言及している）であり、それは戦後も変わらなかった。

（1）ヴァチカンの公文書は、現在のところピウス十一世在位の時期（一九三九年）までしか公開されていない。

戦後になって問題とされた際、釈明の一つとして、地下策動の方が有効であり、現地の人びとを危険にさらす可能性が少ないという利点を挙げた。しかし教皇が言う「現地の人びと」とはユダヤ人のことではない、カトリック教会の、ことにポーランドの聖職者を指して言っているのである。公に沈黙を守ることで、ピウス十二世はカトリシズムの存続とヨーロッパ・カトリック教会の利益のみを優先させた。(1) 普遍《カトリック》たるべき教皇の言葉は、最も生々しい政治的現実の壁に阻まれたことになる。

（1）もう少し微妙なニュアンスである。というのも、親ドイツ派で知られた教皇の心情が「カトリック国家」ポーランドの救援要請に沈黙で応じた一因であるにはちがいないからだ。

4　その間ドイツは？

無数の殺人を、ドイツの指導者たちはみずから発表している。「わが国のユダヤ人、これは絶滅させる」と一九三九年一月二十一日、ヒトラーはチェコの外相に明言した。「一九一八年十一月九日のドイツ革命を引き起こしたユダヤ人が無事でいられるはずがない〔第一次大戦の敗戦がドイツ革命のせいで、それはローザ・ルクセンブルクに代表されるユダヤ人の仕業だとする戦間期に生まれた陰謀〕。あの日の恨みはかならず果たしてやればいいのだ。用いられる方法は徹底して野蛮なものなので、これ以上詳しく書くのはやめておこう。ユダヤ人自体だが、もうたいしたものは残っていない」と、ゲッベルスは一九四二年三月七日の日記に書いた。その一か月前の二月五日、オスナブリュックの司教ベルニングは「意図はユダヤ人を完全に抹殺することにある」と記している。あらゆる情報源を断たれていたドレスデン在住のユダヤ人哲学者ヴィクトール・ケンペラーだが、それでも一九四二年三月十六日の秘密日記に、アウシュヴィッツ収容所のことをすでに書き残している。同年九月のベルリン、新聞記者を前にしたゲッベルスは首都に住むユダヤ人の扱いについて、「まだ四万八〇〇〇人のユダヤ人がベルリンに残っている。彼らは、自分たちが東方に送られる瞬間の迫っていること、そこで不吉な運命が待ち受けていることもよく分かっている。絶滅されるその悲哀をもう感じとっているのだ」[1]と打ち明けた。ドイツの正規軍ヴェールマハト（国防軍）の兵士の数十万人が現ベラルーシのバブルイスクで一九四二年四月の虐殺に立ち会っていたと、兵站部士官の一人は証言する。「わたしはほかの事務系士官といっしょに処刑に立ち会いました。ある意味で、命令されたからだと言えるでしょう……。可能なかぎり事務方からも代表を立ち会わせるようにしていました。ナチス党に反対していると思われたくありませんでしたから[2]」

（1）巻末参考文献【11】、一八五頁。
（2）巻末参考文献【6】、一一九頁。

大量殺戮というものは、周囲にいる民間人の多大な協力がなければありえない。三〇〇万のユダヤ人を輸送したドイツ国鉄《ライヒスバーン》は五〇〇万人も職員がいたのだ。その一部が〈特別列車〉を運行していたわけである[1]。いくつかの民間企業、たとえばエアフルトにあるトプフ・ウント・ゼーネ社のようにガス室[2]を建造し、ほかにもザウラー社のように親衛隊の指示で一酸化炭素ガス使用のガス・トラックを実用化する企業もあった。ＩＧ・ファルベン社取締役会会長のカール・クラウフは、ノルウェーにあったもう一つの候補地ではなく、みずからアウシュヴィッツの用地を選んだうえ、戦前の自社の全工場と同じように収容所正門に「働いて自由になろう《アルバイト・マハト・フライ》」という標語を掲げさせた。

（1）「これは言っておきたいのですが、ある日わたしはベウジェッ収容所の真の意味を理解しました。機関車の格納ハンガーの向こうに、あらゆる種類の衣服が山のように積んである。無数の靴、それから装身具など貴重品もありました。親衛隊はぜんぶ保管していた。もう着られない服にはガソリンをかけて燃やしてしまいますが」（前出、ライヒスバーン監査部主任オスカール・ディーゲルマンの証言）巻末参考文献【6】、二一一頁。

（2）トプス・ウント・ゼーネ社の技術士プリュファーは、一九四二年八月になって、トーチカがユダヤ人をガス殺するために使われ、彼らが建造中のアウシュヴィッツの第四および第五焼却炉がその死骸を焼却するためだと知らされた。プリュファーは沈黙する。アウシュヴィッツで目にしたことを外部に洩らさぬという誓約書に署名してあったからだ。

銀行はユダヤ系市民の口座を閉め、一般民間人はユダヤ人の商店や会社、アパート、家財を買い叩く。デグサ社は、被害者から奪った金、死体の歯から採取した金冠を溶かして純金のインゴットにし、ライヒはそれを国家資産にする。デグサ社の子会社デゲッシュが殺虫剤ツィクロン・Ｂガスを製造、親衛隊に供給していたが、同社の社長ブルーノ・テッシュはすでに一九四一年末、受注量が通常の使用量を大きく上回っていることに気づいていた。

大量殺戮の段取りには迅速さが要求され[1]、そのためにナチス政権は、ライヒスバーンをはじめ、国内の自動車製造会社、金属産業、化学産業、そして繊維会社（これは古着回収だが）など最高技術を持つ非軍事企業にも声をかけた。

（1）迅速な段取りというのは、秘密保持の方針が要請するものだった。一九四二年三月二十四日、ヴァンゼー会議から二か月後のことである、RSHAのユダヤ人問題課の責任者フランツ・ラーデマッヒャーは外務省宛につぎのように書き送った。「ドイツ勝利の展望が具体化するにつれ、ユダヤ人問題課の任務にはさらなる重要性かつ迅速性が要求されることになります。なぜなら、ユダヤ人問題はあくまでも戦時にて解決されなければならない、すなわち世界のいたるところで声を大にして騒がれることのなきよう、あらかじめ清算しておくべきと考えるからであります」

ナチスの犯罪は、ごく少数の酷薄な変質者によるものではない。「勤め人の犯罪」、つまりふつうの人間、民間あるいは軍、国家社会主義労働者党の党員もしくは非党員による犯罪である。ジェノサイドの実行は、資産略奪（処分される物件数の四倍の「アーリア人」買手が殺到した）でもそうだったように、巨大な官僚メカニズムの上に成り立っている。したがって有能な官僚たちは、たいした動揺も見せることなく、自分が国家社会主義《ナチス》体制の頂点に限りなく近づけるものと期待して殺戮事業にも精を出す。この犯罪は通常世界から隔離された場所での出来事ではなく、双方が最も平凡な日常生活の折々を通じて親和しあっていたことの結果である。

Ⅱ　救援の試み

1　イシューヴが試みたこと

戦争中に五万人のユダヤ人難民がイギリス委任統治領パレスチナにたどり着いたが、うち一万六〇〇〇名は密航者であり、不法移民をやめなければ合法移民を中止するという英国の恫喝を無視してのことだった。シオニスト組織執行部の指導者ベン＝グリオンは、進行中の大破局の影響を冷静に分析していた。「ヨーロッパのユダヤ人の絶滅はシオニズムにとって致命的である。建国に参加する者がいなくなってしまう！」(1)と。

（1）巻末参考文献【19】、一二一頁。ごく少数のユダヤ人をパレスチナに移住させる計画は、一九四一年末からドイツに亡命していたエルサレムの大ムフティ（イスラム宗教指導者）であるアミーン・アル＝フサイニーの断固とした反対で難航していた。ユダヤ人絶滅の計画を知ったアル＝フサイニーは、あらゆるユダヤ人救援策を頓挫させるのみならず、ヨーロッパ全域のユダヤ人難民すべてを絶滅収容所が集中するポーランドに送りこむことを熱心に提唱した。ヒトラーは一九四一年十一月二十八日に彼と会見し、ユダヤ人国家の誕生を阻止するとの決意を表明、それはその前月二十五日すでに側近に洩らしていた内容と同じである。シオニズム否定はナチズムの根本であり、ユダヤ人を陥れるために書かれ、史上最悪の偽書とされる『シオン賢者の議定書』をゲッベルスは「シオニストの議定書」と呼んだほか、一九四〇年四月ハイドリヒは、ＲＳＨＡの各部課に対し、ユダヤ人の国外移住は目的地がどこであろうと許すが、パレスチナだけは不可とすると通達した。アル＝フサイニーに関して言うなら、アラブ民族主義がほぼ全面的にドイツ寄りであり、場合によって親ナチスであるというその例にもれない。

一九四二年末、モルドヴァ東国境のトランスドニエストル地域に住むユダヤ系ルーマニア人を救うための交渉が開始された。提案はイスタンブールにある〈ユダヤ機関〉を通じて連合軍の各国に伝えられた。イギリスの反対と、一歩も引かないドイツ、交渉は進展を見せなかった。同じ時期（一九四二年十一月から翌年九月）、スロヴァキアのユダヤ人を救うため、ブラティスラヴァでヒムラーの代理を務めるディーター・ウィスリツェニーに代金を支払うという内容の〈ヨーロッパ計画〉が立案される。

一九四三年一月三十一日、〈ユダヤ機関〉の救援委員会がパレスチナに設置された。同年十月一日、エレッツ・イスラエル（パレスチナのヘブライ語名）最初の志願兵士たちがパラシュートでルーマニアのドイツ戦線の後方に降下した。四四年三月には、再度ルーマニア、そしてユーゴスラヴィア、ハンガリー、四四年九月にはスロヴァキアに別チームが降下した。彼らの半数は捕まって処刑される。四四年九月末、議会にてチャーチルは英国軍のなかにユダヤ旅団を創設すると発表した。

イシューヴはこのように救援活動を試みていたが、すぐに組織としての脆弱さと自立性の不足に直面する。〈ユダヤ機関〉は、救援活動のために全予算の四分の一を費やしていたのだが……。

2　英米二国による試み

イギリス政府およびアメリカ政府にとっての救援努力とは、入国手続きを変更してビザ発行と難民受入れを容易にすることである。両国はそれをしなかったし、したとしてもほんの少し、当時必要とされていたものとの比較でいうと雀の涙でしかなかった。

アメリカの「割当ビザ」と呼ばれる移民手続き法がそのまま残っていた。一九三九年初頭、ドイツからの難民児童を二万人受け入れようという〈ワグナー＝ロジャース法案〉は審議もされず、議会の議事日程から外されてしまった（法案の余白に、ルーズヴェルトは「審議の必要なし、処理済みとせよ、ＦＤＲ」と書き入れた）。一九三三年から一九四五年までの期間、ドイツ・オーストリアの国籍を持つ者に対する割当ビザの数は年間二万七三七〇人分あったのに、実際の交付数はその三六パーセントにすぎなかった。そのような状況のなか、唯一例外を認められたのが政治亡命者で、名声ある知識人が米国に迎えられた（約三〇〇〇名）。一九三三年から三九年までに拡大されたライヒを逃れたユダヤ人三七万名のうち、五万七〇〇〇名がアメリカへの移民を許された（英国には五万名）。アメリカの世論は、戦間期を通じて移民受け入れには反対だった。戦争が始まってからは二万一〇〇〇名の難民を入国させている（一九四四年、小国スイスでさえすでに四万七〇〇〇名を受け入れていた）。

同じ閉鎖性が英国でも再現される。イギリス政府は一九〇五年から一九一九年にかけて制限的に改正された移民法を変えようとしなかった。一九四〇年十二月、ユダヤ人難民を乗せてパレスチナに向かいつつあった小客船〈サルヴァドール〉がマルマラ海で沈没すると、英国外務省の難民問題担当の責任者は「これほど時宜を得た災難はない。あの密航船を始末してくれたのだから」というメモを残した[1]。

（1）巻末参考文献【20】、三六五頁。

ユダヤ人の扱いをめぐり、英米両国はドイツといくつか秘密交渉を持つところまでこぎ着けたのだが、どれも実を結ばなかった。ハンガリーのユダヤ人のためになされた闇取引をふり返ってみよう。一九四四年春、〈ユダヤ機関〉のジョエル・ブラントの協力を得て、ブダペストのユダヤ人共同体が交渉を始めた。しかし同年六月、ハンガリーのユダヤ人が毎日一万人というペースでアウシュヴィッツに送られているというのに、イギリス政府はブラントとその協力者バンディ・グローシュをカイロで拘束してしまう[1]。これはアメリカの同意を得ての動きであり、同交渉を破綻させたうえ、その後もユダヤ人組織あるいはドイツ政府側からの働きかけがあっても、英米二国はけっして交渉を認めない態度をとるようになった。実際のところ、ドイツの敗戦が現実味を増してくるにつれ、ヒムラーは〈ユダヤ人問題〉を交渉材料にして欧米諸国との接近を計ろうとした。それから見てもヒムラーが、米国を牛耳っているのは「真の主」ユダヤ人であるという世界観の虜になっていたのが知れる〔著者は、ユダヤ人を切り札にするナチス・ドイツのユダヤ人観と、それを問題にもしない欧米諸国とのすれ違いを指摘している〕。

（1）「一〇〇万人ものユダヤ人をどうしようというのだ？」と、英国の駐エジプト総督モイーヌは言った。

英米二国によるユダヤ人の救援案が失敗したことからまず明らかになったのは、ナチス体制が競争的多頭組織（ポリアーキー）で指揮系統が統一されていないこと、そして殺戮中の当のユダヤ人がなおさら強力に見えてしまうというまさに偏執的なユダヤ人フォビアである。だがそれ以上に、ユダヤ人の置かれた境遇についていうなら、連合国がそれを深刻に受けとめていなかった事実もはっきりした[1]。

（1）国内世論に押されたルーズヴェルトは一九四四年一月、〈戦争難民委員会〉を発足させたものの……「ユダヤ人」という言葉は極力避けるようにした。

一九四二年、新聞の暴露によって発覚したジェノサイドは、犠牲者ユダヤ人への同情を呼び、世論は政府に何らかの行動を迫った。その要請に応え、同時にそういった追求をかわすため、英米両国は一九四三年四月、バミューダ島において「難民」の取扱いに関する国際会議を招集した（一九三八年のエヴィアン会議についで二回目）。

会議の名称と開催場所の選択から明らかになるのは、議題は「難民」についてであり、殺されるユダヤ人たちの境遇を討議するのではない[1]。バミューダ島は会議期間中立入り禁止となり、一般人と報道関係者、最初から招待もされていないユダヤ人組織による圧力から完全に保護された。ユダヤ人に特別の配慮はしない、というのが言わずもがなの前提だった。

（1）奇妙な符合。会議が開催された一九四三年四月十九日から三十日は、ワルシャワ・ゲットーが孤立無援の戦いをくりひろげた時期である。ジェノサイドの現場と外交舞台の両方で、ユダヤ人の見捨てられた時期が一致する。

会議の目的は三つあった。中立国により多くの難民を受け入れるよう圧力をかけること、暫定的な難民の避難所を見つけること、そして一九三八年のエヴィアン会議後に設立された政府間協議会を速やかに機能させることであった。討議の結果は、ヒトラーに対していかなる働きかけもしない旨の勧告を関係諸国宛に出すことと、難民輸送に必要な中立国の客船確保に努力するという決議である。会議は、あまり報道にはとりあげられなかったが、当初の目的、国民感情から生じた政治圧力を沈静化させ、だが国境は開かないという従来の方針の維持には成功した。

ユダヤ人を見捨てるというこの方針は、アウシュヴィッツに向かう鉄道線路を爆撃するようユダヤ人組織が連合軍に要請した折にも改めて確認される。連合軍の爆撃機が絶滅収容所の上空を飛んだのは一九四四年四月四日と八月二十日、九月十三日である。連合軍参謀本部は、高度七〇〇〇メートルから焼却炉を爆撃するのがきわめて不確実であり、またもし成功してもすぐに再建されてしまうからという口実で、作戦の実施を拒んだ。ドイツの軍事力を破壊することを優先させるべきであり、加えて、ドイツが原子爆弾を実用化しようとしているならば急がなくてはならないと結論したのだった。

3　見捨てられる

一九四三年五月十二日、ロンドンに亡命中のポーランド国民評議会のユダヤ人労働者総同盟《ブント》代表シュムエル・ズィギェルボイムが自殺した。バミューダ会議が終わってから二週間、ワルシャワ・ゲットーの蜂起が鎮圧されて四日目だった。遺書には「ポーランドの全ユダヤ人を殺戮した犯罪はまずそれに手を下した者たちに責任があるが、間接的にその罪は全人類およびその犯罪を止めるための具体的な対策を何ら講じなかった連合国の人びと、その政府にも重くのしかかるだろう。無抵抗な数百万の人びとの殺害と、子供や女、老人たちに加えられる虐待をただ消極的に傍観していたことで、それらの国々は共犯者となった。……生きているあいだは何もできなかったわたしだが、この死によって人びとの無関心を打ち破れたらと願うものである」とあった〔前出、ヤン・カルスキ『私はホロコーストを見た』第二九章を参照〕。

民間の救援組織JDC（アメリカ・ユダヤ人共同配給委員会、単に〈ジョイント〉と呼ばれる）は、戦争のあいだヨーロッパのユダヤ人に全世界の政府を合わせたよりも多くの援助を提供し、ルーズヴェルトによって一九四四年に創設されたWRB（戦時難民委員会）の活動資金八五パーセントを援助した。連合国は船の不足を救援活動ができなかったことの理由に挙げるが、戦争中だけで四二万五〇〇〇名の枢軸国の捕虜がアメリカに送られているのだ。英米政府は、ユーゴスラヴィアやポーランド、ギリシアの難民一〇万人を救出しており、その一方で、アメリカ政府がユダヤ人難民を三か所の避難施設へ救出するという作戦の方は、二〇〇〇名しか実現されていない。それに一九四二年から四三年を通じ、イギリス政府はパレスチナにユダヤ人とほぼ同数のポーランドおよびギリシア難民（非ユダヤ人）を受け入れている。ユダヤ人救援の実際の支障は技術的なものでも思想的なものでもない、総じてそれはユダヤ人を救うという明確な意志の欠如に由来する。(1)

（1）一九四二年当時でまだ四万三〇〇〇人を数えたウィーンのユダヤ人のうち、二〇〇名がウィーン市民によってかくまわれ生き残ったが、割合にすると〇・〇五パーセント。ユダヤ人を助ければ死刑になるポーランドでは、ほんの数える件数しかなかったが、一九四二年末に立ち上げられたユダヤ人救援組織〈ゼゴダ〉が、実数は証言によって異なるので不明にしても、四〇〇〇名から二万名を救っている。

Ⅲ　抵抗するのか？

「どうしてわれわれは従順な羊たちのように屠畜場へ向かって歩くのか？　どうしてわれわれの敵はこれほど勝機に恵まれているのか？」と、ワルシャワ・ゲットーのなかでエマヌエル・リンゲルブルムは自問した。こんにちその問いは、不安というか、憤り、あるいは屈辱感を伴ってよみがえり、「羊のように従順な民」という繰り言と共鳴する。しかしそれは、すさまじい速さで進んだジェノサイドのプロセスを忘れている。フランスだけについて言えば、〈最終的解決〉の犠牲者の四分の一（一万九〇〇〇人）は六週間内（一九四二年七月十七日〜八月二十六日）で収容所へ送られたのだ。一九四二年三月末、未来の犠牲者の四分の三ちかくがまだ生きていた。一九四三年二月、その割合は逆転し、四分の三が殺された。

二七〇万ちかい人びと、つまりショアー全体の犠牲者のほぼ半分が一九四二年の一年間で無惨な死に方をしている。意表を突かれたことのほか、先述の迅速さのせいで、犠牲者の楽天的な期待が損なわれる時間さえなかったということだ。一九四三年になってプロセスの全体が見えてきた段階で、絶望感が定着する一方で、抵抗精神も目覚める。その年の四月から十月にかけ、殺戮の現場であるワルシャワ・ゲットーで四月、トレブリンカとビャウィストクが八月、そして十月にはソビボルにて反乱が起こった。

〈最終的解決〉は秘匿と迅速さを前提とするが、一九四二年にはその全容が分かってしまう（より東部戦線のほう、すなわち西ヨーロッパよりもソ連にてその傾向が顕著）。だがユダヤ人たちはその予告された死を信じようとしなかった。「占領軍によって恐怖心を徹底的に植えつけられ、人びとは顔を上げるのさえ恐れるようになった……。おそらく飢えによって無気力にされたせいで、これら無数のユダヤ人は強く抵抗することもなく黙って餓死していったということなのか[1]」東部戦線におけるドイツ人の想像を超えた凶暴性が、抵抗運動を開始する意志を挫けさせた。部分的であるにしても、それが説明になるのだろう。死への不安で人は集列化し、自己に閉じこもる（集列はサルトルが用いた語で、バス停などに並ぶばらばらな人の群れを指す）。しかし、嵐はいつでも隣村を襲うものと人は思いたがるものだ。ソ連のユダヤ人だけがやられるだろうと、ポーランドのユダヤ人は考える。それから、ポーランドで最初のユダヤ人殺戮があったあと、それは「軍紀違反」で起こったことであり、つぎに最初のゲットーいくつかが絶滅されると、いくら「あいつら」でもまさかワルシャワのユダヤ人には手を出すまいと考える。そして、ワルシャワから最初の収容所送りが開始されると、仕事のできない者だけが送られた……云々。

（1）リンゲルブルム。また、ユダヤ人警官ペレホドニクも「ユダヤ人は肉体的に、とくに精神的に徹底破壊されていたので、大多数が生きる欲求を失ってしまった」と一九四三年に書いている。巻末参考文献【8】、一一一頁。

希望が反逆と行動を麻痺させてしまう。ワルシャワ・ゲットーのZOB（ユダヤ人戦闘組織）が立ち上げられたのは一九四二年七月二十八日で、トレブリンカ収容所への大量輸送が開始された六日後である。このワルシャワ・ゲットーの例と同じように、ほかの場所でも希望を持つことがもはや許されなくなってはじめて何かが組織された。このように四つあった反乱のうち三つは、ガス室を目前にして起こされたものである。彼らの「受動性」を責める恨み言については、ユダヤ人共同体が見捨てられた状態にあったその状況、その程度を認識しておく必要があるだろう。

西ヨーロッパにおいての抵抗運動《レジスタンス》を阻害したのは、ユダヤ的離散志向でも現代合理主義でもない。身分解放されたユダヤ人は、当人を国民として受け入れた法治国家によって迫害されるならば、もう身動きがとれないということである。それが故に歴史学者イェフダ・バウワーは、なぜユダヤ人が抵抗しなかったのかと問う代わりに、なぜあの状況のなかであれだけの人間が武器をとったのかと問うべきであったと提議する。[1]

（1）巻末参考文献【20】、四一四頁。

〈ラインハルト作戦〉が終了しつつある状況下の一九四三年八月二日、トレブリンカ収容所のユダヤ人捕囚六〇〇人は反乱を起こした。同年十月十四日、こんどはソビボル収容所で起こったユダヤ人捕囚による反乱は、親衛隊員一〇名が殺されたほかに、収容所の解体作業が急遽前倒しとなり、おそらくヒムラーにも、それまで〈ラインハルト作戦〉[1]から除外されてポーランド総督府領内で生き残っていたユダヤ人の殺害を、おそらく決断させたにちがいない。それで、十一月三日から五日にかけて前述の〈収穫祭作戦《エルンテフェスト》〉が起こってしまう。

(1)もっとも、グロボクニクがヒムラーに一九四三年十一月四日に書き送ったごとく、〈ラインハルト作戦〉は「無事に完遂」されて同年十月十九日をもって終了していたというのも事実なのである。

情報が整理されて知識となり、希望もほとんど失せてしまうと、まだゲットー内で生きのびている人のなかでも、積極的な抵抗を唱える者たちの意見が、相変わらず僅差ではあるが、優勢になる。少数の例外をのぞいて、ユーデンラートは「一部」住民の収容所への輸送を受け入れれば大多数が救われるものとまだ信じていたのだ。

一九四三年一月、ZOB（ユダヤ人戦闘組織）はドイツ人に対し最初の戦闘で応じた。その数週間後、ワルシャワ・ゲットー蜂起が始まり、ユダヤ人抵抗運動で最も名高い逸話として残ることになる。それは一方で、数百人足らずのまともに武装もしていない若いユダヤ人戦闘員が一九四三年四月十九日から翌月の八日まで、よく訓練された重装備のドイツ兵およびラトビア兵たち数千名を相手に持ちこたえたからであり、他方で、戦前のワルシャワのユダヤ人共同体がヨーロッパで最大の規模だったからである。さらには、ワルシャワ・ゲットーの逸話がヨーロッパのユダヤ人を襲った災厄のあらゆる局面を凝縮していたからでもある。

一九四三年四月十九日、厳重に包囲されたゲットーに武装親衛隊《ヴァッフェン・SS》が突入したとたん、応戦された。だがユダヤ人レジスタンスは、すぐに火の放たれたゲットーのなか、屋根を伝わり、そのあとは下水道のなかに追われ、しだいに後退せざるをえなくなり、ついに司令本部を破壊された五月八日、鎮圧される。見せしめとして七〇〇〇名が射殺され、七〇〇〇名がトレブリンカ絶滅収容所に送られた。ほかの四万人はルブリンなどほかの収容所に送られた。

ワルシャワ・ゲットー蜂起の陰に隠れ、あまり話題にならないのが一九四二年ならびに四三年にベラルーシとポーランドのゲットーで起こった武装蜂起である。ベラルーシ西部だけで武装地下組織を持つゲットーが九一か所もあり、少なくともその三分の二はよく組織されているものだった。規模にして四番目に大きなミンスクのゲットー（八万人）では、武装レジスタンスが多数の捕囚を近隣の森に逃がしている。東ポーランドのビャウィストクでは、一九四三年八月、ゲットー解体作業の開始時に武装レジスタンスがドイツ兵と戦闘に入ったが、較べようもない兵力の差で直ちに殲滅された。

そしてアウシュヴィッツ、第四焼却炉を担当するゾンダーコマンド要員のユダヤの若者たちは一九四四年十月六日と七日、自分たちの同僚三〇〇人を、ナチ警備員がもう秘密でも何でもなくなっていた「排出」に送るため、護送しにやってきた時点で反乱を起こした。トレブリンカもしくはソビボルと同じように、彼らの反乱は親衛隊員に幾人かの死者を出させたほかにも、焼却炉とそのガス室を爆破したあと、血の海のなかで鎮圧された。

きわめて小人数しかいなかったがZOBも戦闘に加わる。東部戦線では、ほんの数えるほどしかいないその生き残り（ほとんど青年部で活動していた者たち）が補給支援も武器もないのに、たいていは近隣の自然環境が過酷な森林地帯（たとえばベラルーシの森に潜み、一九四二年から一五〇〇人のユダヤ人を救ったビェルスキ兄弟の逸話が名高い）から出てきて活動する。ポーランド人レジスタンスはというと、ユダヤ人の闘争をめったにしか助けることはなく、時には敵対さえした。西ヨーロッパ、たとえばフランスでは、多くのユダヤ系のフランス人とその他が国内および国外レジスタンス運動に加わり、そのうちのいくつかはユダヤ人だけのマキ〔おもに山岳地帯に潜んで活動する対独レジスタンス組織〕を組織しようとした。

積極的レジスタンスに対して消極的なものとか、武装レジスタンスか非武装かとか、そのように対立させるような議論は意味がない。ナチス・ドイツが全ユダヤ民族の絶滅を意図していたことを考えれば、まずはドイツの国家意志から逃げること、生きのびること、それをユダヤ人抵抗運動は初期のあり方とした。そういった文脈からすれば、すべての抵抗運動、たとえそれが偽造文書の作成であれ、一時避難所の確保、あるいは獲物になりそうな子供たちの受入れ家族を見つけること、ドイツの軛から逃れるための密出国ルートの開拓であれ、どれも「積極的」レジスタンスなのである。属人的環境や地理的状況が救護「技術」においては最大の役割を演じることになるからだ。

戦争が終わると軍人は栄誉を与えられ、なかでも英国陸軍のなかで戦ったパレスチナの〈ユダヤ人旅団〉はよく話題になる。しかし、文書を偽造したり子供をかくまったり、困窮者のための食堂などに携わった「栄誉なき」戦士たちは、誇らしいレジスタンス闘士の肩書きをもらえない。階級などない人びとのために任務を遂行し、捕まり殺された者たちにとってそれは、レジスタンス以外の何ものでもなかったのだが。

第六章　総括の時

I　ジェノサイドの発覚

一九四五年春、西ヨーロッパにおける収容所解放は〈最終的解決〉を検証するのを妨げたというよりも、歪めてしまった。したがってブーヘンヴァルトとダッハウの映像が、ユダヤ人ジェノサイドも含めて、ライヒの殺戮政策を要約するようになってしまった。こんにち、人びとの記憶のなかでは、ドイツによる収容所世界が究極的な絶望の同義語となっている。しかし発表された映像がより悪質なもの、映像などほとんど残されていないもの、〈ラインハルト作戦〉による大量殺戮施設やアインザッツグルッペンの所業である虐殺を想像するのを妨げてしまうのだ。

重きをなす記憶とは、何よりもまず物理的な実在に基づくものである。相対的にみれば、ユダヤ人の生き残りは数少ない。フランスでは、「政治」事由で収容所送りとなった者の五九パーセントが一九四五年に戻ってきたが、その割合がユダヤ人生還者では三パーセントにすぎない。ベルギーだと、生還者の五パーセントがユダヤ人だったが、送られた者の割合では三八パーセント、ちなみにアウシュヴィッツに送られた十五歳以下のユダヤ人児童は四九一八名であり、生還したのが五六名、つまり一・一パーセントである。ヨーロッパ全体でいうと、送られた総数に占めるユダヤ人の割合は五四パーセント、一九四五年に生還した者は六パーセントだった。

一九四五年からほぼ一五年のあいだ、ブーヘンヴァルトはナチの強制収容所を象徴していた。アウシュヴィッツのほうは、集合的記憶と歴史家の仕事でそうなるこんにちのような中心的な場所にはまだなっていなかった。しかし、まずジェノサイドの隠蔽があり、そしてそれを収容所への抑留という悲劇をとおして捉えざるをえない困難さは、映像の不足と地理的距離だけに原因があるのではない。まずそれは、現在とは同じ言葉では発せられなかったユダヤ人のアイデンティティーに関する困難な問いに由来する［ユダヤ人の定義が以前はユダヤ教徒を指していたものが、イスラエルの建国後、その意味が変わってきたことを、著者は言っている］。同じようにそれは、事象が絶対の不毛（無意味な死）であったと信じることなどとうてい不可能だからでもある。だが何よりも、民間人の大量虐殺という歴史上の既視感から距離をおき、新たな現実、すなわちジェノサイドと人類に対する罪を理解させてくれたはずの指標がなかったこと、そこに原因があるのだ。戦時中、収容所の虜囚たちはユダヤ人のため特別に用意された運命を見ていたが、信じなかった。彼らは大量虐殺を見たのに、ジェノサイドを信じなかった。集合的記憶の政治利用より以上に、現実を知覚することとそれを理解すること、その二つのあいだの乖離がそこである役割を演じたのである。

一九四五年四月、解放されたベルゲン＝ベルゼン収容所に入ったＢＢＣリポーターたちの例がその観点からして顕著である。そこにいる四万から六万人の虜囚がユダヤ人であったにもかかわらず、リポーターたちは一度たりとも言及しなかった。そこに消極的な反ユダヤ主義が隠されていたからではない、従来の戦災の光景とは断絶した現実を彼らが理解できなかっただけの話なのである。

Ⅱ 一つの世界の破壊

1 数字で見る総括

ヒムラーが一九四四年十一月に絶滅作戦の終了を指令したにもかかわらず、それは〈死の行進〉によって一九四五年五月初旬まで続けられる。(1) 解放後も長いあいだ、高い死亡率は続いた。(2)

(1) マウトハウゼンがアメリカ軍によって解放されたのは一九四五年五月五日である。
(2) 一九四五年四月十五日に解放されたベルゲン=ベルゼンでは、同年十月末までに三万一〇〇〇名の元捕囚が死亡した。

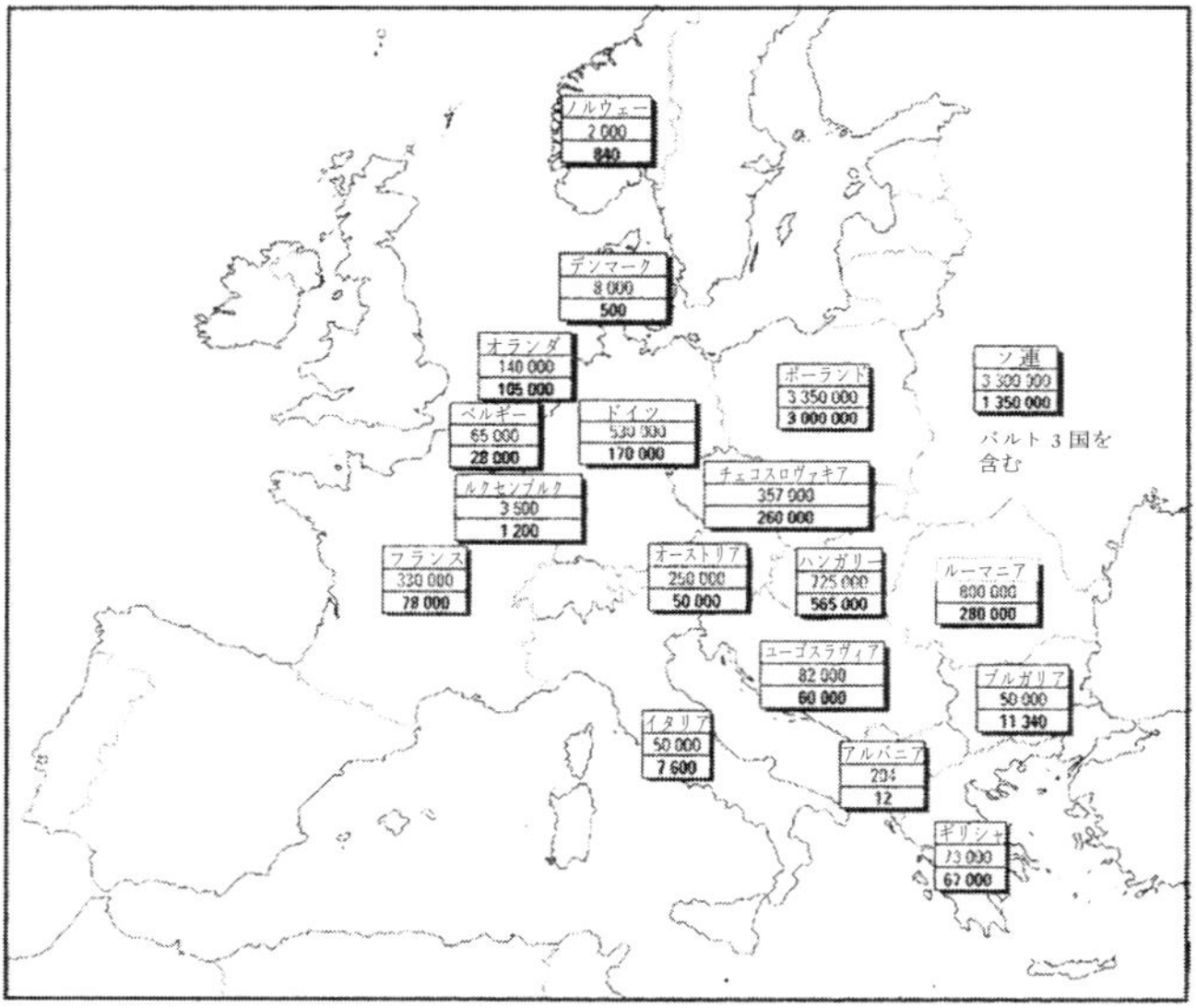

ポーランド	国名
3 350 000	ユダヤ人共同体の当初人数
3 000 000	犠牲者数

地図２　ジェノサイドの集計（１９３７年当時の国境）

参考資料

巻末参考文献【21】

巻末参考文献【22】

巻末参考文献【23】

巻末参考文献【24】

全体の総括は、ドイツ側の集計（ことにアインザッツグルッペンおよび〈ラインハルト作戦〉に関わる数字）がそろわないので困難である。しかもアイヒマン所属部著の業務文書多数を筆頭とするような記録文書は破棄されていた。一九四三年三月、親衛隊所属の集計係リヒャルト・コルヘルは〈最終的解決〉の集計を一六ページの報告書にまとめた。それは一九四二年十二月三十一日までの数字であり、翌年度一〜三月分の六ページをそこに加えている。以後、ドイツ人みずからが提供した資料で数値の入ったものは皆無である。一九四四年および四五年に関する数値記録はまったく作成されなかった。さらに、一九四四年末の数か月はライヒ崩壊のため、集計さえまったくとられていない。

一九四五年十一月のニュルンベルク法廷で、親衛隊少佐ヴィルヘルム・ヘットルは、一九四四年八月にブダペストでアイヒマンと会ったとき、殺されたユダヤ人が六〇〇万人いると告げられたと証言する。国際軍事法廷はその数字を採用したが、それから一五年後、自分が裁かれる法廷でアイヒマンはこんどは犠牲者数を五〇〇万人と言う[1]。一九四五年六月、アメリカの〈ユダヤ人問題研究所〉は（記録文書を検証した結果）その数字を五六七万人とする。翌年、〈世界ユダヤ人会議〉はそれを上回る五九七万八〇〇〇名という数字を発表した。

（1）彼が証言する数字は新規なものではない。終戦間近のころ、親衛隊大尉ディーター・ヴィスリツニとの会話のなかでもうその数字を挙げていた。

ユダヤ人犠牲者およそ六〇〇万の大多数がポーランド[1]とソ連の市民だった。それは、ヨーロッパ全体の三分の二、世界のユダヤ人総数の四割ちかくである。そのせいでユダヤ人社会の人口構造が数世代にもわたり破壊され、それらを構成していた各世代の均衡もひっくり返ってしまった。一九三九年以前のディアスポラ〔ユダヤ離散民〕の主流は東ヨーロッパにあったが、以後は北アメリカと将来のイスラエル(2)に中心が移っていく。

(1) ユダヤ文化の源泉となっていたポーランドのユダヤ人共同体は、ほぼ完全に破壊された。ゲットーで五〇万人が死亡、六〇万が大量処刑により、そして一九〇万ちかくが殺戮施設で殺された。

(2) ベン=グリオンが危惧したごとく、シオニズムの将来が危機に瀕しただけでなく、地理的にも大変化をもたらし、シオニズム指導者たちはイスラム諸国に住むユダヤ人ディアスポラ(離散民)に関心を向けるようになった。

2 生存者たち

かつてふつうに暮らしていたところを突如中断された場所、そこに戻ってきた生き残りたちは、自分たちが何をされたのかを他者の視線からも読みとらなければならない。徹底して殺戮しようという意志が君臨したそのあと、彼らは生きつづけ、「生き残り」の罪悪感、「どうしてわたしだけが?」という問いと対峙しなければならない。かくまわれていた子供たちは、戻ってこなかった両親から「さようなら、またね」と言われなかった重荷を一生背負っていかねばならない。

一九四五年五月、ヨーロッパはおよそ一四〇〇万ちかくの「displaced persons(避難民あるいは強制追放者)」を抱え、うちユダヤ人は数十万人単位で遍在しており、たとえばソ連領内のポーランド国籍ユダヤ人四〇万は、出国を許されるとその半数が祖国ポーランドに戻った。しかし、一九四五年のクラクフ、翌年七月のキェルツェで起こったポグロム(1)など日常化した殺人(一九四五〜四六年で一五〇〇名が殺害されている）にまで至る反ユダヤ主義は、彼らが幻想を抱くことなど許さなかった。それで、一〇万人はすぐにもっと西方、おもにドイツやオーストリアにアメリカ人が設置した〈避難民キャンプ〉へと向かう。このように一九四五年から翌年にかけて、二五万のユダヤ人難民がそこに収容され、四五年十二月、イシューヴと〈ジョイント〉をはじめとする、ユダヤ人救援組織から派遣された奉仕活動家による救護を受けた。まだしかし、ルーマニアには四〇万人が、二〇万人がハンガリーとチェコスロヴァキアに、二〇万人以上がフランスに、五万人強がベルギー、四万二〇〇〇人がイタリアに残されていた。

（1）一九四五年九月にキエフで起こった反ユダヤ人暴動と、翌年ハンガリーのクンマダラシュやミシュコルツでのポグロムもある。

それらのキャンプはユダヤ人の欧州脱出《エグソダス》をはぐくむ場ともなる。イシューヴから派遣されたシオニスト連絡員は、ユダヤ人移民にはまだ閉ざされたままのパレスチナ移住の段取りを組織する。こうして一九四五年から四八年の三年間で、八万三〇〇〇人が移住に成功した。[1] ユダヤ人組織とイシューヴ連絡員が残した成果は評価に値する。すでに一九四五年一月、シオニスト組織の連絡員は、生存者たちをイシューヴに移民させるための組織〈逃亡《ハ・ブリクハ》〉をポーランドで立ち上げ、そして数か月後には、イタリアから着いたパレスチナのユダヤ人旅団〔イギリス陸軍内に編成されたユダヤ人志願兵グループ〕が生存者たちと最初の接触をしている。シオニズム運動の指導者ダヴィド・ベン＝グリオンは、一九四五年十月、ドイツの避難民キャンプを訪れて生存者たちを取りこもうと試みた。それと併行し、〈ジョイント〉も救護活動を遂行した。同一国籍の難民同士で対立が顕著になった場合は、〔国籍別に避難民を管理する英国の方針に逆らって）ユダヤ人を非ユダヤの同国人と切り離して食料配給も改善、さらにはキャンプ内での人道支援活動に対する許可もとりつけた〔国籍別に集合させると、同一の国籍でもユダヤ系と非ユダヤ系のあいだで緊張関係が起こることもあった。しかし英国は、あらゆる政策面でユダヤ人を一民族とみなすことを拒否していた〕。

（1）うち七万人の非合法移民を運ぶため、密航船一四〇艘を必要とした。

避難民キャンプに収容されていたユダヤ人二五万人のうち、一四万二〇〇〇人がイスラエルに、七万二〇〇〇人がアメリカ、一万六〇〇〇人がカナダ、二万人がその他の国に向かうことになる。しかしイギリスは、戦時中にユダヤ人に対し徹底適用していた差別政策をそのまま維持する。[1]

（1）一九四五年五月から一九四九年十二月までのあいだ、イギリス政府は国内居住外国人が在外の「困窮家族」五六〇〇名を呼び寄せるための入国ビザ交付を認めた。うち二〇〇〇名がユダヤ人向けであり、それ以上はなかった。同じ時期にイギリスは、ポーランドの軍人およびその家族一五万名のほか、おもに東ヨーロッパからの勤労奉仕志願者を九万三〇〇〇名、ドイツ人戦争捕虜が一万五〇〇〇名、ウクライナ人八〇〇〇名……を受け入れていたのにもかかわらず、である。それら「難民」のなかには多くの元ナチス協力者も含まれていた。

Ⅲ　裁判

今から数世紀も前に、国家法を超えて自然法があるか否かの問いはすでに発されていた。だが一九一九年のパリ講和会議では、国家なき民族はまだ裸同然、まったく無力であり、それはポーランド出身ユダヤ系アメリカ人のラファエル・レムキンが一九四四年に発案した造語〈ジェノサイド〉の概念〔ギリシア語の人種、民族を表わすgenosに、ラテン語の殺すの意を持つ接尾詞-cideをつなげた合成語〕によって、やっと庇護の手が差しのべられるまで変わらなかった。第二次大戦前と戦中になされた犯罪が、国家法に従う国民である個人の権利問題を前面に押しだしたのである。同じ土壌である文明開化から発生した人権、そして民族国家の主権の普遍性とが相克する状況となった。

一八六三年にスイスにて発足した国際負傷軍人救護常置委員会がＩＣＲＣ〔赤十字国際委員会〕となり、ついで一八六四年および一九〇六年のジュネーブ条約〔赤十字条約ともいう〕が人権に関する基盤を築くことになる。一八九九年と一九〇七年のハーグ陸戦条約は、〈人道法〉の遵守を謳うと同時にその強化に寄与した。

しかしながら、その建前の脆弱さが第一次大戦によって暴露される。大戦中ならびに終戦直後、国境や民族を超えて、「人類冒瀆」犯罪が白日の下にさらされたからである。一九一五年五月二十四日、〈三国協商〔英仏露に日本も加わり、後に日英仏露協商ともいわれた〕〉の外相たちは、アルメニア人の虐殺について「人道性の冒瀆」と断定し、一九一九年のパリ講和会議ではベルギー代表がその件に関し「人道に対する罪」[1]と述べた。民族国家がもてはやされる時代だったので、法学者アンドレ・マンデルスタム（一八六九〜一九四九年）が一九二九年に国際連盟のため〈国際人権宣言〉[2]を準備したにもかかわらず、国家による犯罪の予防措置についての結論は出なかった。だがそこで明らかになったのは、国家主権の限界および、各国の「国内問題」への干渉の必要性であった。

（1）留意すべきは、第一次大戦終結後、国際連盟〈一五か国委員会〉が「戦争開始者」と「人道法を犯した者」を法廷で裁くための準備をしたことである。

（2）法学者たちが先見の明ある作業を進めたにもかかわらず、各国政府はたしかにそれを具体化しなかった。同じようにラファエル・レムキンも、すでに一九三四年、マドリッドで開かれた第五回刑事法統一国際会議にて、〔市民法に対し、外国人なども対象とする〕万民法に反する「残虐行為の罪」の概念を提示していたのだが。

ナチス・ドイツの犯罪は、このようにほぼ未開拓だった国際法の前に引きだされた。それが故に、「英米仏ソ四か国が一九四五年八月八日に調印した国際軍事裁判所憲章で正式に規定されるまで、〈人道に対する罪〉は戦争犯罪という隠れ蓑を被らされていた(1)」

（1）巻末参考文献【25】、二九頁。

一九四二年一月のロンドンにて、〔連合国側、亡命政府も含む〕一八か国政府はヨーロッパにおける占領国ドイツによる犯罪を告発、だがドイツ国内のユダヤ人に対する犯罪を制裁する新たな非難決議についての討議は拒否した。同年十月、イギリスはアメリカ政府の合意のもとに、戦争犯罪に関する調査委員会を設置した。すぐにソヴィエト政府が加わり、はじめて名指しでドイツの責任を追及した。それを基点に、犯罪国家の機構を告訴するという考え、またそれを基に一九四二年十二月十七日付けの連合国による警告〔第五章一〇二頁を参照のこと〕が具体的な形となったのである。そして一九四三年十月三十日のソ連政府の声明は、犯罪人を犯行現場に連れもどし、地元の裁判所にて裁く意向をついに予告する。かくして戦争に関する国際法規と当該地域の刑事法とがはじめて融合することになる。しかし、〈人道に対する罪〉の概念が戦争犯罪の枠から抜け出るためにはまだ長期にわたる推敲が必要であった。

ヤルタ会談に臨むルーズヴェルトのために用意された一九四五年一月二十二日付けのメモは、それまでの歩みの到達点を示すものである。それによると、ナチスの犯罪は、もはや戦争犯罪という旧来の枠を超えてあらかじめ熟考された「計画犯罪」であるとされており、メモの斬新な取り組み方は革命的と言っても過言でなく、一九三三年に遡ってドイツが自国民に対して行なってきた違反行為さえも包含していた。それは戦争犯罪の概念を超え、無抵抗の自国民をも視野に収めていた。マンデルスタムの活動のおかげで、神聖不可侵とされた国家主権の壁が崩れたのだった。最も目を引きやすい暴虐のみならず、政治体制そのものが犯罪として裁かれる。それまでの国家というものは、だれに気兼ねすることなく自国民を殺すことができた。「人道に対する罪」の考えは、以後、各個人の人間としての権利および自然法を、時限的な権力機構にすぎない国家を超越するものと位置づける。

　英米仏ソの四大国は一九四五年夏のあいだロンドンにて会談し、アメリカの草案を基に準備書類の作成に当たった。国際軍事法廷の設置を可能にした一九四五年八月八日の〈ロンドン協定〉と呼ばれる基本合意は、その間の協議から生まれたものである。戦争犯罪はすでに国際法となっていた。「平和に対する罪」は審議こそされたものの、中心議題から遠ざけられた。だが「人道に対する罪」、これはまったく新しい概念だった。

（……）「戦前もしくは戦中においてあらゆる民間人に対してなされた殺害、殲滅、奴隷におとしめる行為、収容所への抑留、その他のあらゆる非人道的行為、あるいは犯行地の国内法に違反するか否かを問わず、本法廷の管轄となるあらゆる犯罪の結果としての、もしくはそれに連関してなされた政治的、人種的もしくは宗教的理由に基づく迫害行為」
「前述犯罪のいずれかをなそうとする計画の立案または陰謀またはその実行に加わった指導者、組織者、扇動者もしくは共犯者は、その計画の実施に関わるすべての行為の責任を問われる」（……）

国際法の歴史上、かつて国家しか認めずにいた分野で、はじめて〈ロンドン協定〉が個人を法の対象として認めたのである。後にニュルンベルクの軍事法廷権限下でアメリカ軍事法廷が審理することになる一二の裁判、これは〈ニュルンベルク継続裁判(1)（NMT）〉と呼ばれ、戦犯容疑者をその立場（閣僚、医師、実業家、司法官など）ごとのグループにまとめて裁くものだが、唯一共通してとりあげられた告訴箇条は「人道に対する罪」である。

（1）巻末参考文献【25】、三五頁。

このような状況下の一九四五年十一月二十日、ニュルンベルク裁判はナチスの主要責任者を裁く国際軍事法廷（IMT）をもって始まった。裁判期間中をとおしてユダヤ人ジェナサイドの問題が忘れられることはなかったものの、次から次へと暴露されるナチスの犯罪(1)のせいでその影が薄くなったのは事実である。十か月続いた審理で、被告二一人（当初は二四人だが、レイが収監中に自殺、ボルマンは逃亡中、グスタフ・クルップは病気だった）のうち起訴事実を認めた者は一人もいない。一九四六年十月一日に判決が出て、死刑宣告が一一名、無罪が三名、ほかに一〇年から無期刑の懲役刑が言いわたされた。一九四六年十月一日の判決文にはジェノサイドの言葉は見あたらないが、その後の裁判では用いられるようになる。一集団に対する判決であったことから「人道に対する罪のより悪質な形態」と断罪された。

アメリカ軍事法廷によるニュルンベルク継続裁判のなかでは、医師グループを被告とする裁判（一九四六年十一月〜翌四七年八月）が最も重要であった。一九四七年八月十九、二十日の判決では、医師が二〇名を占める二三名の被告団のうち、死刑を宣告されたのは七名である。

（1）判決文の「人道に対する罪」に関する部分は、「戦争犯罪」が二八ページも費やされたのに反し、わずか二ページである。ウィーン帝国大管区指導者フォン＝シーラッハと反ユダヤ主義新聞『前衛（シュテュルマー）』の発行人シュトライヒャーの二人だけがその罪状で有罪となる。

「ユダヤ民族の生物学的抹殺」と精神障害者に対する「安楽死」、そして強制収容所の生きる屍とされた囚人たちに対して行なった「生体実験」、ナチス・ドイツによるそれら主要な三つの罪状が重なったのである。[1] この判決以降、新たな医学倫理の基盤が定められ、〈ニュルンベルク綱領〉と呼ばれるようになる。それはあのニュルンベルク法〔本書三二頁を参照〕が継承されていく怖れがあったからである。ついで、国連の人権委員会が一九四六年に、国際法委員会が翌一九四七年に創設される。〈世界人権宣言〉が採択される前日の一九四八年十二月九日、国連総会は全会一致で〈集団殺害罪《ジェノサイド》の防止および処罰に関する条約〉を採択した。しかしながら、それを遵守させるためのいかなる具体的な方策も定められていない。相互不干渉の原則と併せて、国家主権のドグマが結局勝ってしまう。各国は、それを第二次世界大戦の特殊状況が強いた特例法という括弧でくくろうと努めるのだった。たとえ〈ジェノサイド罪の防止および処罰に関する条約〉が一〇〇か国ちかい全会一致で採択され、いくつかの国、たとえばフランスのようにジェノサイド防止法を自国の刑事法に導入させる例があったにもかかわらず、そうなってしまう。

（1） 巻末参考文献【26】、二一頁。

連合軍軍事法廷による一二の〈ニュルンベルク継続裁判（NMT）〉では、寛大なる判決が優勢を占めた。犯罪の下級仲介者が上層指導者たちよりも、また最前線の実行犯が、手を汚さない殺人者たち、たとえばライヒスバーン（ドイツ国鉄）や、収容所、焼却炉、ガス・トラックを建設した企業、そしてツィクロン・Bを供給していた企業の幹部などよりも厳しく処断された。

一二の継続裁判のため、連合国は五〇〇〇名の被告名を連ねるリストを作成した。一九四六年八月、最初の裁判が開廷された時点で、すでに被告の人数は一八五名に減っていた。寛大な判決の主なる理由の一つとして、東西冷戦の始まりがあり、ナチの残党は僥倖《ぎょうこう》に恵まれたことになる。被告一八五名は二〇六名の弁護人、うち一三六名がナチ党員によって弁護され、被告三五名が無罪、二五名が死刑、ほかは懲役刑を宣告された。一九五〇年になると、西側連合国はまだ服役中だったナチ戦犯の刑期を三分の二に短縮することを決定。一九五一年一月の時点で服役囚は五〇名、最初の恩赦法が公布された一九五五年、英米連合軍が占領した地域の刑務所には、ヨーロッパのユダヤ人絶滅作戦に参加した服役囚は二〇名しかいなかった。

一九四八年十二月九日の〈ジェノサイド罪の防止および処罰に関する条約〉はジェノサイドの責任者を裁く国際法廷の設置を計画していたが、それが実現することはない。

ジェノサイド責任者の数千名が潜伏することに成功し、一部の者はヨーロッパから逃れた。彼らは元ナチス党員の秘密組織ODESSA（オデッサ）やユーゴスラヴィアほかイタリアなどにあるカトリック組織網（オーストリア人司教アロイス・フーダルは、ソビボルとトレブリンカ両絶滅収容所の司令官フランツ・スタングルの逃亡を個人的に助けた）[1]、反共工作のために彼らを雇ったアメリカ諜報機関、そして後にはイスラエルの近隣アラブ諸国のいくつかから援助を受けるようになる。ところで、元ナチの大多数は身を隠そうともしなかった。戦後のドイツ連邦共和国ないしはオーストリアにて、穏健な勤め人や企業主として豊かな暮らしを取りもどしていた。連合国の非ナチ化委員会が一三〇〇万人のドイツ人を尋問して、三四四万五〇〇〇人が告発されたが、一九四九年半ばになるとそのうち三〇〇名だけがまだ服役中だった。さらに、一九五五年および一九六五年に布告された時効（恩赦）法も適用されることになる。

（1）巻末参考文献【27】。

元ナチの高官たちはあらゆる分野で活躍している。法律家で元ナチスの高級官僚ハンス・グロープケは、一九三五年のニュルンベルク法の起草者であり、ユダヤ系市民にユダヤ名を強制する一九三八年公布の制度を生んだ張本人だが、戦後はアーヘン市財政部長、一九五三年にはアデナウアー首相の官房長となる。ドイツ連邦共和国が科す処罰は、このような手ぬるい非ナチ化政策からもその実態が知れる。アウグスト・ベッカー、元ナチス党員で親衛隊員、〈T4作戦〉そしてガス・トラックのエキスパートは、一九四五年以降セールスマンとなっていたが、一九六〇年、その健康状態を考慮して、いかなる尋問や科刑にも適さないと判断された。ヴァルター・ブルマイスターは元親衛隊員でガス・トラックの責任者の一人だが、一五万人殺戮の共犯として懲役一三年に処された。元ヘウムノ絶滅収容所の責任者の一人クルト・メビウスは、一〇万人殺戮の共犯として懲役八年。親衛隊医師でアインザッツグルッペン四部隊の一つを指揮していたフランツ・ジックスは、一九四七年に二〇年の懲役刑に処されるも、一九五二年には釈放されて宣伝コンサルタントとなる(1)。

(1) 巻末参考文献【6】、二五二〜二六二頁。

国外逃亡者たち、彼らは平穏な生活を送る。フランスとギリシアにて強制収容所への輸送を指揮していたアロイス・ブルンナーがその典型であり、シリアでは重要人物となっている。ガス・トラックの発明者ラウフも同様、一九八四年チリにて近親者に看取られながら死んだ。

ポーランドの裁判所はといえば、ユダヤ系ポーランド人の被害者の存在を認めようとはしない。一九四二年から四三年にかけてユダヤ系ポーランド人八万三〇〇〇名を殺戮した責任を問われ、第一〇一警察大隊〔本書五六頁を参照〕の司令官ヴィルヘルム・トラップは、一九四七年十月にドイツからポーランドに引きわたされた。しかし一九四八年七月六日の裁判では、一九四三年にテロ報復として七八名のポーランド人を殺害した件だけが公訴内容だった。一九六二年から六七年までの期間、ドイツの裁判所はその第一〇一警察大隊の元警官二一〇名を尋問している。これが大量殺戮に協力した者たちに関するまれな裁判の一例であるが、ほかの捜査は開始されても告訴にさえ至らない。有罪判決があった例を見ても、最高量刑は懲役八年である。しかも、服役態度が良いとか健康状態などが理由となり、その刑期が充たされることもない。

〈最終的解決〉の実行責任者の筆頭であるアドルフ・アイヒマンは、ドイツが敗退するやいなや身を隠した。一九四六年一月のニュルンベルク裁判でも、彼の名は挙がっていた。一九五〇年、元親衛隊員からなる秘密組織ODESSA（オデッサ）に助けられたアイヒマンは、オーストリアに逃れ、それからイタリアではフランシスコ会修道士の協力を得るとリカルド・クレメントの名でアルゼンチンに渡る。だいぶ前から家族を呼び寄せて暮らしていたその地にて一九六〇年、イスラエルの諜報特務機関モサドが彼を誘拐、イスラエルに連行した。歴史的また政治的な理由から、イスラエルの首相ダヴィド・ベン＝グリヨンはアイヒマン裁判が「ユダヤ民族のニュルンベルク裁判」となるように望んだ。十か月もの捜査の後、一九六一年四月十一日に裁判は始まった。アイヒマンは、イスラエルの費用負担で自分が選んだドイツ人弁護士二名の弁護を受ける。審問はラジオ中継され、イスラエルでは国じゅうがそれを聴いた。アイヒマンは「検察側が言わんとする意味での」起訴事実を否認する。死刑[1]の判決が一九六一年十二月十五日に下る。イスラエルは建国時に、この種の犯罪にだけ死刑が適用されるよう法律を準備してあった。一九六二年五月二十九日、控訴が棄却され、恩赦も認められずに、アイヒマンは一九六二年五月三十一日に処刑された。

（1）厳しい慎重論がなかったわけではない。その事情をイスラエルの思想家ゲルショム・ショレムがうまく言い表わしている、「〈最終的解決〉を体現する男に死刑を宣告することは、正義がなされた、あるいは、ようやくページをめくれる、と考えてしまうような結果を招かないだろうか？」と。

裁判は、ジェノサイドの特殊性を考慮に入れるという意味において前進をもたらした。司法的観点からも、それはほかの裁判、とりわけ一九六〇年代にドイツ連邦共和国内で開かれた裁判（フランクフルトでのアウシュヴィッツ裁判、そしてデュッセルドルフでのトレブリンカ裁判、どちらも一九六四年に開かれた）と同じように、ショアーの集合的記憶を築くうえでも大きな進歩を刻んだのである。

Ⅳ　理解する？

「未来のために、わたしたちが絶望的に必要としているのは、ナチによって築かれたこの地獄についてのほんとうの話である。なぜならそれらの事実が単にわたしたちの呼吸する空気さえ変えて毒してしまったからでも、絶えず悪夢となっては現われ、日夜わたしたちの思考に染みこんでくるからでもない、それがわたしたちの時代の根本の経験、そして根本の悲嘆であるからなのだ(1)（ハンナ・アーレント）」

（1）巻末参考文献【28】、一五四頁。

わたしたちは、新しい出来事に昔の図式を当てはめてみたり、未知のものをすでに見たことのあるもの（野蛮への退行）に矮小化したりすることで、歴史的事実とその政治的影響力を歪めてしまう。ところでわたしたちは、専門家や官僚を抱えた大衆化社会の現代性に関する問題と、そして人の精神の奥底にあって一民族全体の抹殺を決定したり実行したりする人間のその部分についての問題、その両方に同時に取り組まなければならない。あの画策の合理的な部分とその無意味さとが一つの声で語ってくるのを聞かなければならないのだ。

惨事が深刻であったが故に話が情動面に向かうと、自然それは不安定になってしまい、さらには苦しみに耐えたことを大義名分に、犯罪者を非人間性の領域に追いやるという間違いの元になる。しかし、いくら犯罪が異例であろうとも、殺人者たちは「ふつう」の「現代」人間である。感情は極限状況に焦点を合わせたがるが、暴力は無味乾燥な日常のなかでなされるものだ。

さらに作業を困難にさせるのは、一つの歴史を記述するにしても、本来的にどの証人も生き残りであるということだ。だが歴史上に数多くある虐殺、その現場に半死状態で見捨てられ、後に生還して地獄の情景を語れる幾人かがいたのとは異なり、ガス・トラックあるいはガス室そのものの恐ろしさを語れる人はいない。だれも逃れられなかったからである。しかし上記証人たちの社会性を持つ記憶は、あの死を味わった当の人びとが書くことのできなかった歴史の記憶を凌駕してしまう。

ショアーを知ることは、わたしたちの社会的慣行や規範に疑問を投げかけ、わたしたちの生きる「犯罪空間」、ハンナ・アーレント[1]が言うところの人びとの「悲嘆」と「無益さ」がありつづける現代社会をくまなく探ることでもある。またそれは、一九四五年以降も無傷のままで新しい形の抑圧を生みつづける一つの政治思想の基盤を、本質を失った市民権を、そしてみずからの生存に何ら権利を持たぬ市民たちを問いただす。ショアーを知ることは、ふつうの知ることとは違い、知った者を変え、各人が持ちあわせる人間性に問いを発する。

（1）巻末参考文献【29】。

ヨーロッパ全土において集団殺戮をするという政策を立て、そのため特別に設けられた場所へ、殺人者のもとへ犠牲者を送りとどけるという唯一の目的のために、近代国家が備えるロジスティックおよび行政機構を総動員し、そこで「害虫の駆除」と呼ばれる「処理」をしたことで、ショアーは、生きられる者と死ななければならない者を「選別」するというユルゲン・ハーバーマスが言うところの「人と人との関係を成立させている深層」への侵害を犯したものとみなされる。

人道に対する罪というのは、被害者たちが殺害されたからでも、それが多数だからでもない。同じく、アウシュヴィッツも強いられた死だけの場所ではない。それはプリモ・レーヴィの言う「家畜、泥、汚物」が除去されるように抹殺されることで人間の資格を奪われた者たちが殺された場所なのだ。殺戮手段であるガス殺自体も、単なる「技術問題」ではなくその反対に、犯罪の特質を明示する鍵である。というのは、被害者と死刑執行人の両方をガス室という匿名状況に置くことで、前者からは人間としての資格を奪い、同時に、後者には無知な犯罪者でいられる可能性を与えるからだ。

ショアーは、それまで政治的了解のあった旧来の範疇を壊し、西欧文明の基盤、ということは産業革命および大量殺人の母胎となったあの第一次大戦の土台、もっと遡って、ユダヤ人排斥というヨーロッパの妄想じみた政治スローガンを問いただす。それはまた、一九三三年よりもかなり前から「人類の下限」〔つまり、それ以下は人間でない?〕を定義したある文明に問いも放つ。その歴史は、時を遡っての問い〔反ユダヤ主義の思想的歩み、そして大衆社会および近代社会の誕生〕、そして下流からの問い〔わたしたちの社会的実践における排斥行為への慣れ、もっと広義には、あれらの犯罪があった後の人間としてのアイデンティティー〕を明るみにさらす。ユダヤ民族のジェノサイドが実践されるなか、ショアーは千年王国論者の妄想の後進性のみならず、バイオ・パワー[1]の現代性をも明らかにする。ショアーは、病理的な殺人志向をジェノサイド政策に唯一変換できる国家という機構に重要な地歩を与えてしまった。重要なのは、当該国の「民主主義」らしきものがどういうものかということではなく、その精髄、つまり国民を管理し、秩序をその最重要事項とする官僚機構の特質である。

（1）「ジェノサイドが現代の権力にとって夢であるというのは、昔の殺す権利がこんにちもどされるからではない。それは権力が、生命と種、人種そして住民による大衆化現象のレベルにて行使されるからである」（ミシェル・フーコー『知への意志　性の歴史』一九八六年、新潮社）

犯罪の準備から実行に至るまでのあいだ、国家権力は〈T4作戦〉とショアーによって問題提起をされていた。ナチスの医師たちの場合にせよ、アインザッツグルッペン要員の供給源である秩序警察《オルポ》の場合にせよ、国家機構は社会的に受け入れやすい形態、すなわち、いかなる思想教育などより効率的に大量殺戮への先導役を果たしてくれる大勢順応主義、これを選ぶものだ。大量処理と集合隔離化〔ゲットーと収容所〕、日常管理を組み合わせた現代手法は犯罪の実行をより簡単にし、そのおかげで大量殺戮を遂行した「ふつうの人間たち」は一般大衆からエリートに格上げされた。

深淵の底について語ること、日夜休みなく幾千もの死体を焼却しつづけた特殊作業班《ゾンダーコマンド》の男たちについて語るのは、その事実を考えるのと同じくらいつらいことである。「有用性」で物事を判断するふつうの感覚は、まったく「反有用性」の企てを前にすると狼狽してしまう。歴史において皆殺しは目新しいことではないが、ショアーまでのそれは、どれもがたとえば富や土地、領土の奪い合いなど有用性の論理に従っていた。ところが、それは通用しない。わたしたちは、あまりに紋切り型の構図を好むあまり(ショアーが「地上の地獄」だったと言われていて、だが地獄では悪魔が死んだ罪人たちを絶えず苦しめるはずのところ、その反対にアウシュヴィッツでは、人間としてごくふつうの殺人者たちが無実の生きた人びとに苦しみを与えつづけていたが)、現代の罰則手続きと恐怖体制とがいっしょになっているその関連性が充分に分からないし、犯罪者たちの集団的な服従と犠牲者の集列化〔阻害〕に、わたしたちの社会の仕組みがどう関わるのかもよく理解できない〔訳者あとがきを参照〕。

ヨーロッパ史のパラダイムの一つとして〈ユダヤ人問題〉は、政治における現代性の限界の狭さをそれとなく示す。それが故に表現を和らげたりぼかしたりするのとは無縁であり、わたしたちの歴史のより中心を占めているように思われる。

犯罪がいくら普遍的な次元のものだったとしても、この大惨事におけるユダヤ的特性が顕わになるのは妨げられない。ユダヤ民族は、壊滅と同時に創生の記憶を、いかなる贖罪の対象ともならなかった悲嘆の歴史を受け継いだ(ショアーで民族の大部分を失ったにもかかわらず、イスラエル建国は実現した)。けれども、ある近代国家によって集合的死刑を宣告されたという記憶とともに生きなければならない。殺戮の方法からして、それは人間という概念の否定だった。アウシュヴィッツ＝ビルケナウは単に大量虐殺の震源地であっただけではない、死骸の生産拠点であったのだ。人間を人間とさせている基本概念を破壊し、極限の悲嘆はわたしたち各人のなかにある人間性の一部に打撃を与えた。

とはいえ傾向としては、存在論の次元にも関わってくるので、犯罪の記憶を押しやり、忘れさることである。ショアーは、ヨーロッパの中心、心臓部では「耐えがたいこと」であり、回帰性の罪悪感、もしくは反抗心を生じさせ、「歴史のページをめくる」気持ちを起こさせる。しかしニュルンベルクで裁かれた罪悪は一つの時代を締めくくるのではなく、逆に新たな時代を開く。裁判が明らかにした出来事の本質からいって、その教訓は、形式的な講釈を打ち破る開かれた言葉、そして不服従の精神を不断に呼びかけるものとして残されるべきなのである。

結び

彼らは家畜のように死んでいく、まるで肉体も魂もないように、死が刻印を押せたかもしれない表情さえない。そんな友愛も思いやりもないおぞましい平等のなか――猫や犬なら分かち合えたにちがいない平等――それはあたかも地獄の情景を映しているかのように見える。

ハンナ・アーレント(1)

ヨーロッパの地図も歴史も大量殺戮に呪われてしまっている。遠くや近くで行なわれた迫害を思い出させない場所などどこにもないし、無垢な歴史だけの場所もなく、どこに行っても景色と地名が収容所や抑留、虐殺へと回帰していく。ユダヤ人という異なる者たちに対する大量殺戮は、まるで家族内の秘密のように同時代人につきまとう。一人の人間が考えつくすべての不安を、ヨーロッパのユダヤ人はほとんど見捨てられた状況のなかで耐えしのび、結局は最も恥辱的な死で最期を遂げた。

(1) 巻末参考文献【28】、一五二頁。

この破局は、こんにちのユダヤ人にそのアイデンティティーを問いただし、動揺を与えずにはおかない。だが、それだけではない。というのも、ジェノサイドは大衆社会がみずから気づいていないものも明らかにしたからだ。それは技術と官僚機構という現代性が一方に、政治と精神の後進性が他方にという両者の共存をあからさまにした。ジェノサイドは、ドイツの歴史だけを、あるいは迫害にもってこいの枠組みとその精神風土を提供した西欧の反ユダヤ主義だけを問うているのではない。人間およびその存在の似非《えせ》生理学的な概念に根ざした権力、すなわち人間とその生を管理するというあの現代の権力をさらに問いつめる。ジェノサイドを志向したナチス・ドイツは、人類の歴史を通じて絶えず活動していたあの破壊精神だけを具現したのではない。ある全体主義国家に隷従させられた大衆社会の不安定な市民の立場を浮き上がらせたのだ。

ショアーは、六〇年以上におよぶ歴史のなか、ほかに無数ある歴史的事象とは異なりその重要性を増しつつある。長いあいだ第二次大戦の附帯現象とみなされ、しかしこんにちではそれが一つの中心的出来事のように見えている。あの破局についての、そして人類に対する罪についての反省は多くの場合、国々が主催する追悼祭をとおしてなされる。しかし、市民の権利、すべての統制を計る国家と対峙する個人の権利が正面切って問われないのなら、追悼することに何の意味があるだろう。制度化された記憶が国家責任の鍵となる問題に陽を当てないのなら、不幸そのものより、なぜそんなことが可能だったのかについての記憶は儀礼のなかで失われてしまうだろう。

ショアーが「不吉な知らせ（プリモ・レーヴィ）」を世界にもたらし、そのこだまが絶えずわたしたちを苛む。〔レーヴィとアーレントが言うように〕「犠牲者は人間に属していなかった」と。今の時代の政治的な存在とは、破壊しつくされた文明の記憶を新たにする作業を経ることである。集団殺戮について、そして大衆社会、つまりわたしたちの社会がもはや「人間であること」の資格さえ脅かされるようになった各個人をそのまったただ中に置き去りにしたあの荒廃、それについて熟慮することなのだ。

訳者あとがき

本書は、Georges Bensoussan, *Histoire de la Shoah*（Coll. « Que sais-je ? » n°3081, PUF, Paris, 2012）の全訳である。著者ジョルジュ・ベンスサンが編集長を務める定期刊行誌『ショアーの歴史』（本書と同じタイトル）は、パリのサン・ルイ島から近くの右岸にひっそりと構える〈ショアー記念館〉がその発行元である。記念館の入口から敷地内に伸びる白壁には、フランスからアウシュヴィッツなどの強制収容所に送られた七万六〇〇〇名のユダヤ人（うち一万一〇〇〇名の子供）の氏名が刻まれてあり、生還した二五〇〇名あまりをのぞく全員が死亡したと知り、訳者はしばらくその場に立ちすくんでしまった。そこに出向いたというのは、本書を訳していて確認したい点がいくつかあり、それを著者宛の伝言にして残すためと、以前からいちどこの記念館を訪れたいと思っていたからである。一階には受付と書店だけ、地下数階に展示フロアが設けられ、あるフロアは階全体が薄暗い地下礼拝堂で、そこから地上十数メートルの高い天窓まで吹き抜けになっていたかと思う。場違いなのかもしれないが、本書を訳し終えて目のくらむような数字（犠牲者の数）を見せつけられた頭には、なぜか安らぎさえ感じるように思った。なお、ベンスサンさんからは後日電話をいただき、質問事項はクリアとなった。

本題だが、ナチスのユダヤ人問題の最終解決に関する具体策が最終決定されたのは一九四二年一月二十日のことで、会議が開かれたベルリン郊外の地名をとって〈ヴァンゼー会議〉と呼ばれる。具体策とは、ヨーロッパに住む全ユダヤ人をほかの住民から選別、財産没収、集合隔離したうえ、殺人工場に送りこむというそれまで各部署に分散して行なっていた作業手順を一元化しようというものだった。これをもって、一民族の抹殺が後ろめたい犯罪などではなく、れっきとした国家事業として官僚機構に委ねられることになった。会議の議事録作成を担当したルドルフ・アイヒマンは「哀れなほど平凡で仕事熱心、出世欲が旺盛だが権威にはべったり、自分で善悪の判断さえできない小役人」とハンナ・アーレントに評される人物だが、実際、そういう官僚たちによって人類史上未曾有の出来事が進められてしまう。著者ベンスサンが「技術と官僚機構という現代性が一方に、政治と精神の後進性が他方にあった」と見る当時の先進国ドイツで起こったことである。

なぜユダヤ人が狙われたのかという問いに、二千年紀初頭のキリスト教が近代以降のユダヤ人排斥のモデルを提供したと著者は断じる。一〇九五年、異教徒から聖地エルサレムを奪回するよう訴えたキリスト教会の十字軍宣言のことを言っているのだ。イスラム教徒からの聖地奪還と巡礼を兼ね、ヨーロッパ各地にて十字軍が結成され出征したが、彼らは遠征途上にあるユダヤ人集落も襲った。エルサレムまで行かずとも身近にも異教徒がいるではないかというわけである。当時のユダヤ人排斥は、宗教的な動きなのでアンチ・ジュダイズム、つまり反ユダヤ教主義といわれた。一方、より人種的な意味合いを含むアンチ・セミティズム（反セム主義）という言葉は、十九世紀末になってはじめて用いられ、それはこんにちまで続く（本書においてもとくに宗教性を含む場合の記述をのぞき、著者も一貫してアンチ・セミティズムの語を用いているが、日本の読者の混乱を避けるため、訳者は基本的に「反ユダヤ主義」と記するようにした）。

ユダヤ人迫害について知ろうとすれば、まずユダヤ人とは何者かという問いにぶつかる。宗教的にも人種的にもその定義には諸説があり簡単ではないので、その点と、本書で述べられるユダヤ人排斥の前段階ともいう状況について簡単に触れておきたい。

人種的にユダヤ人をとらえると、その起源とされる紀元前一二〇〇年前後の古代イスラエルの民、カナン（パレスチナ）の地にいたヤハウェ神を信仰する部族連合と絞ることはできよう。しかし、彼らが話していたヘブライ語はセム語族、すなわち中近東および北アフリカに住むアッシリア人やフェニキア人、アラブ人などの話す言葉と同源とされる。そのセム諸語を話す人びとが「セム族」という大きな人種的集団としてあり、皮肉なことに、現代において水と油の関係にあるイスラエルとアラブ諸国の人びとをすべてを包含してしまう。またこのセム族という呼称は、欧米のキリスト教国の宗教離れとともに、「アンチ・ジュダイズム」という宗教的排斥から、より世俗的な「アンチ・セミティズム」に変わったその語源でもあるが、前述の理由からユダヤ人だけをセム人とすることはできない。そして話をもっと複雑にしているのは、紀元前二世紀から続いているユダヤ人のディアスポラ（離散）の歴史である。たとえば北アフリカに移り住んだユダヤ人には黒い瞳に黒い巻毛を持つ人もかなり多く、逆に東欧に何世代も住み続けたなかには金髪碧眼が少なくない。これは同化の証拠とも考えられる一方で、人種的なユダヤ人排斥論がいかに根拠の薄いものであるのかを露呈させる。

では、宗教的にはどうなのか。これもユダヤ人共同体の内部もしくは外部からの視点で大きく違ってくる。ユダヤ教を棄てた者は、もはや厳密な意味でのユダヤ人ではないと内部ではみなされよう。だが、ユダヤ人家族の一員であることは変わらないので、外部ではあいかわらずユダヤ人のままである。血縁がからんできたので補足すると、ユダヤ人共同体において、それはまた現代のイスラエルに移住しようとする者をふるいにかける場合にも適用されるのだが、ユダヤ人であるためには、ユダヤの母から生まれていなければならない（現イスラエルへの帰還法）。わが子であることを保証できるのは血を分けた母親だけであり、その子に最初の教育をするのも母親である。血縁による信仰共同体の護持と考えられよう。したがってユダヤ人とは、ユダヤ教徒であること、母親がユダヤ人であること、その二点に絞られるのではないだろうか。しかし上述の複雑さを伴うことから、有能な官僚機構を擁していたあのナチスでさえ人種的な定義を試みはしたが、最終的に本人の祖父母三人以上がユダヤ人であるとの血縁から絞り込むというおよそ科学的とは言えそうにない基準で法令化した（祖父母の祖父母まで遡れるのか）。しかも混血児などに適用する細則まで設けざるをえなかったので、法令は繁雑を極めた。

さて、十字軍以降も宗教的迫害が散発的に起こり、それがひどくなった十四世紀半ば、ユダヤ人共同体は東ヨーロッパへの避難を決意する。まだ文明など行きわたっていないそれらの地域では、土地の住民ほとんどが貧農、というか農奴である。彼らが文字も読めず勘定もできない反面、ユダヤ人の行商人や職人はいくら貧しくとも文字が読めて計算もできる。ユダヤの父母が宗教教育を兼ねて教えるからである。すると、どちらも貧しいながら、時とともにそこには貧富の差が現われ、代価を払えないほど貧しい農民たちの妬みをユダヤ人が買ってしまうようなことも起きる。異端視と排斥はこのように増幅しつづけてユダヤ人は孤立し、村落を離れ町に住むようになってからも、固まって生活することを余儀なくされる。

十八世紀になり、フランスで啓蒙主義運動が興ると、それに触発されたユダヤ人知識人のなかから後にハスカーラー（うちなる光明、ユダヤ人啓蒙運動）がベルリンなどに現われる。ユダヤ人同化を基盤に、革新思想はヨーロッパを舞台に大きく広く発展するはずであった。ところがそれに逆行するように十九世紀なると、おもにロシアでポグロム（ユダヤ人に対する計画的な集団暴力、多数が殺された）が頻発する。フランスのユダヤ人解放の気運に惹かれて、ふたたび彼らは西ヨーロッパへの移住を決める。しかし、多分に差別的な職業制限はどこに行っても存在していたから、移住先の町や都市で自営業とか金融業、職人工房を営むことになるが、その間、第一次大戦が勃発し、ヨーロッパは悲惨な状況に陥る。そして、敗戦したドイツでは、敗れたのは国内革命のせいで、それはローザ・ルクセンブルクらに代表されるユダヤ人扇動家たちの仕業だと決めつけるような陰謀説が横行し、排斥や憎悪の対象とされる。さらに似非生物学や社会ダーウィニズムがそれを煽りたてる。こうして一九三三年三月二十三日、ユダヤ人排斥を政策の中心に据えたアドルフ・ヒトラーが全権を掌握して檜舞台に立つ。ユダヤ人にとっては、地獄の門が開かれた日であった。

つぎに、本書でいくつか説明が必要と思われる言葉があるので挙げておくと、〈集列〉、〈生権力〉、〈現代の罰則手続き〉そして〈政治〉の四つである。

「集列（シリーズ）」は、サルトルが『純粋理性的批判』のなかで用いた言葉である。バス停でなかなか来ないバスを待つ人が多くなれば、各人は列をつくって一つの番号となる。その連番（シリーズ）化した人の群れは、来ないバスを待つという共通の厄介な問題に直面しているが、互いにつながりのない疎外された個々人である。

つづく二語はミシェル・フーコーの言葉で、〈生権力〉については、本文の文脈のなかでどう用いられているかを、簡単だがすでに訳注で述べた。〈現代の罰則手続き〉について説明しておくと、これはフーコーの〈近代の刑罰〉と同じように考えていいようである。ということは、かつての刑罰は見せしめのため身体への加虐を重んじ、それと異なり現代では、精神鑑定や一方的な監視などの知を武器に権力の所在を認めさせて精神の矯正を行なうとするものだ。しかし、死に至る虐待を受けるユダヤ人とナチス官僚による恐怖体制が同時にあったのだから、それをいったいどのように分かればいいのか、と著者は問いを放つ。

〈政治〉は、本書の終章で「「ヨーロッパ史のパラダイムの一つとして、〈ユダヤ人問題〉は政治における現代性の限界の狭さをそれとなく示す」というフレーズが示すように、広く多様な意味を持たされている。これは、自身もユダヤ系である著者ベンスサンがもらす悲嘆のつぶやきである。フランス革命がユダヤ人に公民権を与えてその解放（同化）を高らかに宣言していたにもかかわらず、それからちょうど一五〇〇年を経た一九四一年、ナチスのドイツに暮らすユダヤ人は黄色いダビデの星の着用を義務づけられた。これは異質の者への烙印であり、生きるに値しない者の選別へとつながっていく。近代以降の政治が、ということは人間集団における秩序形成の企て、社会を現代化することの失敗が露呈した瞬間でもある。その結果、ユダヤ人共同体から六〇〇万人以上のほか、同じく無数のロマや重症障害者、同性愛者、政治犯が人間以下のレベルにおとしめられた末に殺された。そのとてつもない計画を支えたのは、ナチズムによって操作されるドイツなどの従順な大衆社会であり、意志決定を放棄した各人（国民）である。「何が善いことか？」という判断に関わる議論を行なって、社会のあらゆる問題を決定すべきだった手続き、すなわち政治がまったく行なわれなかった。政治がそのレベルに達していなかったということだ。それを著者は苦渋をこめて言っているのである。

それが故にベンスサンは、悲嘆の記憶を新たにすること、そして同じ人間の資格さえ脅かした政治の荒廃を負の事例として研究すべきだと提案しつつ、政治の再生に期待を寄せて本書を結ぶ。

二〇一三年七月

吉田恒雄

参考文献

L'Allemagne nazie et le génocide juif, Actes du colloque organisé par l'EHESS en 1982, Paris, Gallimard-Le Seuil, 1985.

Archives clandestines du ghetto de Varsovie（Archives Emanuel Ringelblum）, 2 vol. parus, Fayard/BDIC, 2007.

Arendt H., *Auschwitz et Jérusalem*, Paris, Presses pocket, 1993.

Bédarida F.（sous la direction de）, *La Politique nazie d'extermination*, Paris, Albin Michel, 1989.

Bensoussan G., *Auschwitz en héritage? D'un bon usage de la mémoire*, Paris, Fayard-Mille et Une Nuits, 2003.

- *Un nom impérissable. Israël, le sionisme et la destruction des Juifs d'Europe*（*1933-2007*）, Le Seuil, 2008.

Borwicz M., *L'Insurrection du ghetto de Varsovie*, Paris, Julliard, coll. «Archives », 1966.

Bracher K.-D., *Hitler et la dictature allemande. Naissance, structures et conséquences du national-socialisme*, Bruxelles, Complexe, 1995（1re éd. allemande, 1969）.（『ドイツの独裁　ナチズムの生成・構造・帰結』岩波書店, 2009 年）.

Breitman R., *Secrets officiels. Ce que les nazis planifiaient. Ce que les Britanniques et les Américains savaient*, Paris, Calmann-Lévy/Mémorial de la Shoah, 2005.

Browning Ch., *Des hommes ordinaires. Le 101e bataillon de réserve de la police allemande et la «Solution finale» en Pologne*, Paris, Les Belles Lettres, 1994（1re éd. américaine, 1992）.

- *Les Origines de la Solution finale*, Les Belles Lettres, 2007.

Carp M., *Cartea Neagra*, Denoël, 2009.

Des voix sous la cendre. Manuscrits des sonderkommandos d'Auschwitz-Birkenau, Paris, Calmann-Lévy/Mémorial de la Shoah, 2005.

Dictionnaire de la Shoah, Larousse, 2009.

Dressen W., Klee E., Riess V., *Pour eux «c'était le bon temps ». La vie ordinaire des bourreaux nazis*, Paris, Plon, 1990（1re éd. allemande, 1988）.

Friedländer S., *L'Allemagne nazie et les Juifs, tI : Les Années de persécution*（*1933-1939*）, Paris, Le Seuil, 1997.

- t. II: *Les Années d'extermination*（*1939-1945*）Le Seuil, 2008.

Gellately R., *Avec Hitler. Les Allemands et leur Führer*, Paris, Flammarion, 2003.

Gilbert M., *Atlas de la Shoah*, Paris, Éditions de l'Aube, 1992（1re éd. anglaise, 1982）.

Hilberg R., *La Destruction des Juifs d'Europe*, Paris, Le Seuil, coll. «Folio-Histoire

», 3 vol., 2006（dernière éd. américaine, 1985）.
- *Exécuteurs, victimes, témoins. La catastrophe juive 1933-1945*, Paris, Gallimard, coll.« NRF Essais »,1994（1re éd. américaine, 1992）.
Horwitz J. G., *Ghettostadt. Lodz et la formation d'une ville nazie*, Calmann-Lévy/Mémorial de la Shoah, 2012.
Kaplan H., *Chronique d'une agonie. Journal du ghetto de Varsovie*, nouvelle édition revue et augmentée, Calmann-Lévy/Mémorial de la Shoah, 2009.
Kershaw I., *Hitler*, deux volumes, Paris, Flammarion, 1999 et 2000.
Kogon E., Langbein H., Rückerl A., *Les Chambres à gaz, secret d'État*, Paris, Le Seuil, 1987（1re éd. allemande, 1983）.
Langbein H., *Hommes et femmes à Auschwitz*, Paris, Fayard, 1975.
Laqueur W., *Le Terrifiant Secret*, Paris, Gallimard, 1981（1re éd. anglaise, 1980）.
Levi P., *Si c'est un homme*, Paris, Presses pocket, 1988（1re éd. italienne, 1947）.
- *Les Naufragés et les rescapés. Quarante ans après Auschwitz*, Paris, Gallimard, 1989（1re éd. italienne, 1986）.（『アウシュヴィッツは終わらない――あるイタリア人生存者の考察』）
Longerich P., *« Nous ne savions pas ». Les Allemands et la « Solution finale », 1933-1945*, LGF/Livre de Poche, 2009（1re édition allemande: 2006）.
Marrus M., *L'Holocauste dans l'histoire*, Paris, Flammarion, coll. « Champs », 1994（1re éd. canadienne, 1987）.
Marrus M., Paxton R. O., *Vichy et les Juifs*, Paris, Calmann-Lévy, 1981.
Le Livre noir, Textes et témoignages réunis par Ilya Ehrenbourg et Vassili Grossman, Solin-Actes Sud, 1995.
Le Monde juif, revue du CDJC: *Il y a cinquante ans, l'insurrection du ghetto de Varsovie*, n°147-148, avril 1993.
Poliakov L., *Auschwitz* , Paris, Gallimard-Julliard, coll. «Archives », 1964.
- *Bréviaire de la haine*, Paris, Presses Pocket, 1994（1re éd., 1951）.
Revue d 'histoire de la Shoah:
Classer. Penser. Exclure. De l'eugénisme à l'hygiène raciale, n° 183, juillet-décembre 2005.
Aktion Reinhardt 1942-1943. Chroniques et Témoignages, n° 196, janvier-juin 2012.
Seidman H., *Du fond de l'abîme. Journal du ghetto de Varsovie*, Plon, coll. « Terre humaine », 1998.
Sereny G., *Au fond des ténèbres. De l'euthanasie à l'assassinat de masse: un examen de conscience*, Paris, Denoël, 1975（1re éd. anglaise, 1974）.
Temon Y., *L'Etat criminel. Les génocides au XXe siècle*, Paris, Le Seuil, 1995.
Weinstock N., *Chroniques du désastre. Témoignages sur la Shoah dans les ghettos polonais*, textes présentés et traduits du yiddish, Metropolis, 1999.
Wyman D., *L'Abandon des Juifs. Les Américains et la « Solution finale »*, Paris, Flammarion 1987（1re éd. américaine, 1984）.

映画

Lanzmann C., *Shoah*, 1985.
Rossif F., *Le Temps du ghetto*, 1961.
-*De Nuremberg à Nuremberg*, 1988.

巻末参考文献

【1】Shloyme Frank, *Le Monde juif*（ユダヤ世界〔1946年にパリで創刊された逐次刊行誌，現在は本書の著者ジョルジュ・ベンスサンが主幹となり，定期刊行誌 Revue d'histoire de la Shoah「ショアーの歴史」と誌名を変えている〕），n°154, mai 1995.

【2】*Auschwitz et Jérusalem*, Paris Presse Pocket, 1993.

【3】Otto Glagau, in *Deutsches Handwerk und historisches Bürgentum*, Osnabrück, 1879.

【4】E. Jäckel, *Hitler idéologue*, Paris, Calmann-Lévy, 1973, rééd. Gallimar, coll. "Tel", 1995.

【5】K.D.Bracher, *Hitler et la dictature allemande*.Complexe, 1995（1er éd. allemande, 1969）.（K•D•ブラッハー『ドイツの独裁』岩波書店，2009年）.

【6】Ernst Klee, Willy Dressen, Volker Riesse, in *Pour eux, « C'était le bon temps »*. *La vie ordinaire des bourreaux nazis*（彼らにとっては「よき時代だった」ナチス処刑人たちの平凡な人生）, Paris ; Plon , 1990.

【7】Christopher Browning, *Des hommes ordinaires*, Paris, Les Belles-Lettres, 1994.（クリストファー・ブラウニング『普通の人々――ホロコーストと第101警察予備大隊』筑摩書房，1997年）.

【8】C. Perechodnik, *Suis-je un meurtrier?*, Paris, L. Levi, 1995, p133

【9】Si c'est un homme, Paris, Presses, Pocket.（『アウシュビッツは終わらない――あるイアリア人生存者の考察』朝日新聞出版，1980年）.

【10】D. Eisenhower, *Eisenhower's Own Story on the War*, Arco, 1946.

【11】Richard Breitman & Walter Laqueur, *Breaking the Silence*, New York, 1986.

【12】*Le Monde Juif*, n°146, janvier 1993.

【13】Yehuda Bauer, *Repenser l'holocauste*, Autrement.

【14】D. S. Wyman, *L'Abandon des Juifs*, Paris, Laffont, 1986.

【15】W. Laqueur, *Le Terrifiant Secret*, Paris, Gallimard, 1981.

【16】Jean Ziegler, *La Suisse, l'Or et les Morts*, Paris, Le Seuil, 1998.

【17】Robert Wistrich, *Hitler, l'Europe et la Shoah*, Paris, Albin, Michel, 2005.

【18】*Mit Brennender Sorge* 1937Cf. G. Passelecq et B. Suchecky, *L'Encyclique cachée de Pie XI*, Paris, La Découverte, 1995.

【19】T. Segev, *Le Septième Million*.

【20】*L'Allemagne nazie et le génocide juif*, Actes du colloque organisé par l'EHESS en 1982, Paris, Gallimard-Le Seuil, 1985.

【21】Benz Wolfgang, *Dimension des Völkermords; Die Zahl des Jüdischen Opfer des Nationalsozialismus*, Munich, Oldenburg, 1991.

【22】 *Encyclopedia Judaïca.*
【23】 Hilberg Raul, *La Destruction des Juifs d'Europe*, Paris, Fayard, 1988.
【24】 *Dictionnaire de la Shoah*, Larousse, 2009.
【25】 Yves Ternon, *L'Etat criminel*, Paris, Le Seuil, 1995.
【26】 C. Ambroselli, *Le Comité d'éthique*, Paris, PUF.
【27】 Annie Lacroix-Riz, *Le Vatican, l'Europe et le Reich de la Première Guerre modiale à la guerre froide*, Paris, Armand Colin, 1996.
【28】 "*L'image de l'enfer*"（1946）, *Aushwitz et Jérusalem*, Paris, Presses pocket.（医学と人道に対する罪）
【29】 C. Ambroselli, préface à A . Hauval ; *Médecine et crime contre l'humanité*, Arles, Actes Sud, 1991.〔アデライード・オーヴァル（1906 ～ 88 年）は，アルザス生まれの医師．レジスタンスに参加して捕まり，ビルケナウ収容所に送られる．医師として断種手術への協力を強制されるがそれを拒否．医療面で多くの捕囚を救う．彼女の証言が出版され，そのなかで＜犯罪空間＞という言葉が用いられた〕

訳者略歴
吉田恒雄（よしだ・つねお）
一九四七年、千葉県生まれ。
長い会社勤務の後、現在は翻訳に専念。
主要訳書
M・スポルテス『ゾルゲ　破滅のフーガ』（岩波書店）
G・ミュッソ『時空を超えて』他（小学館）
F・テイリエ『タルタロスの審問官』他（ランダムハウス講談社）
J-F・パロ『ブラン・マントー通りの謎』他（ランダムハウス講談社）
E・オルセナ『コットンをめぐる世界の旅』（作品社）
J・カルスキ『私はホロコーストを見た』（白水社）
P・セゲラ『宇宙探査機』（飛鳥新社）

ショアーの歴史
ユダヤ民族排斥の計画と実行

二〇一三年八月　五　日　印刷
二〇一三年八月三〇日　発行

訳　者 ©　吉　田　恒　雄
発行者　及　川　直　志
印刷所　株式会社　平河工業社
発行所　株式会社　白　水　社

東京都千代田区神田小川町三の二四
電話　営業部〇三（三二九一）七八一一
　　　編集部〇三（三二九一）七八二一
振替　〇〇一九〇―五―三三二二八
　　　郵便番号一〇一―〇〇五二
http://www.hakusuisha.co.jp
乱丁・落丁本は、送料小社負担にてお取り替えいたします。

製本：平河工業社
ISBN978-4-560-50982-1
Printed in Japan

文庫クセジュ

歴史・地理・民族(俗)学